学校臨床力を磨く
事例検討の進め方

かかわり合いながら
省察する教師のために

角田 豊
〔編著〕

創元社

はじめに

◆◆◆

　本書では、教師が子どもの成長を促すような実践力を「学校臨床力」とし、その向上には「事例検討」が役立つことをテーマにしています。

　事例検討とは、ある専門職に携わる人が、対象者との個別のかかわりについて、ふり返りながら検討するものです。対人援助的な領域（医療、福祉、心理など）で、事例検討は現場の共通理解や、専門職の訓練として用いられています。筆者（角田）も、これまでにカウンセラー*1の教育・訓練で事例検討の意義を経験してきました。教師の学校臨床力の向上にも事例検討は有効ですが、教師教育のための効果的な事例検討については、まだまだ十分な認識がされておらず、具体的な方法も確立しているとはいえないのが現状です。

　本書の下地になっているのは、教師と子どものかかわり合いに焦点を当てた、私たちのこれまでの研究です。その多くは学校・幼稚園の教師たち*2との共同研究であり、各々の教師が子どもたちとかかわり合った実践が大きな位置を占めています（角田, 2014, 2016a；角田・福本, 2012；角田・掛田, 2016；角田・森, 2015；角田・柴崎, 2017；角田・上良, 2018；角田・堀内, 2019）。

　本書の理論編では、「学校臨床力」がどのようなものかを、多面的に明らかにしていきます。1章では、理論編の全体を見渡す形で、いくつかのポイントから「学校臨床力」についてイメージを膨らませていきます。2〜4章では1章で示したポイントの中からさらに検討を深めたい内容（「教師の省察」「自己を育む自己対象の働き」「かかわり合いと間主観性」）を取り上げています。そして、5章で教師にとって「事例検討」やかかわりをふり

---

*1　本書では「カウンセラー」を、臨床心理士や公認心理師あるいは心理療法のセラピストといった広い意味を含めて使っています。

*2　本書では、簡略に表現するために、原則として「学校」という言葉に、幼稚園・保育園・認定こども園を含め、また「教師」に保育者も含めています。ご承知おきください。

返る「省察」がどうして大切なのかを検討し、「保育者のための事例検討用フォーマット」「プロセスレコード」「教師のための事例検討用フォーマット改訂版」といった具体的な省察方法を紹介していきます。

　後半の実践編では、教師がいかに細やかに子どもとかかわり合いながら、その成長を支援しているのかを、実践記録のまとめ（個性記述法）や5章で紹介するフォーマットによって示し、事例検討や省察の意義を現場感覚に基づいて考えていくことにします。個々の実践は、私が出会った教師や、当時は教師の卵であった教職大学院生によるものです。また、12章では、教職や心理職などで行ってきた事例検討を中心に据えた研究会の活動についてまとめています。最後の13章では、理論編と実践編をつなげ、本書全体のまとめをしています。

　実践編では個人を特定される情報は除いていますが、ある程度詳しい事例を示す8章、10章、11章については、事例に登場する当時の児童生徒あるいはご家族の了解を得ています。快く協力していただいた皆さんに、心より感謝いたします。7章については、当時の学校長の了解を得て、学校外の個人に関する情報は本質を損なわない範囲で変更しています。大学院生の実習経験などを省察した6章と9章については、日常的な子どもとのかかわり合いの場面のみを取り上げ、個人に関する他の情報は示していません。

目次

4章　省察に必要な視点2：かかわり合いと間主観性　　　59

5章　事例検討の進め方　　　67

第2部　実践編

6章　若手大学院生による補助教員としての事例検討：
A・B・Cの事例（個性記述法）　　　85

7章	小学校担任による事例検討（会）の経験：	
	Dの事例（事例検討用フォーマットに基づく個性記述法）	97

8章	幼稚園教諭による個別支援：	
	Eの事例（保育者のための事例検討用フォーマット）	111

9章	若手大学院生による省察の工夫：	
	F・Gの事例（プロセスレコード）	127

10章	中学校担任による事例検討（会）の経験：	
	Hの事例（事例検討用フォーマット改訂版に基づくプロセスレコードを中心に）	141

11章　小学校担任によるプロセスレコードを用いた事例検討：
Ｉの事例　　　149

12章　教職と心理職の事例研究会　　　161

13章　実践編と理論編のまとめ　　　169

第1部

理論編

1章

学校臨床力とは

1-1 教育：「教える」と「育む」

　日本では「教育」という言葉の通り、「教える」と「育む」の両面を大切にしながら学校教育が行われてきました。「教える」面は学習指導、「育む」面は生徒指導と呼ばれ、車の両輪のように考えられています。本書では、子どもの心の成長に焦点を当て、主に生徒指導に関するテーマを扱います。つまり、子どもの心をどのように育んでいくかが中心テーマです。ただし、用語としては「学校臨床力」という、あまり聞き慣れない言葉を使います。

　従来からある「生徒指導」という言葉は、一般に非行や規律違反への叱責といった、教師が子どもを取り締まるイメージが連想されやすいと思います。しかし、心を育むには、厳しい「指導」だけではなく、子どもの苦手や困難への「支援」や、悩みの「相談」も必要です。また、教師と子どもはお互いにかかわり合っているので、双方向的な活動であるのが実際です。つまり、変化するのは子どもだけでなく、教師も子どもから影響を受け、理解や対応を変えていきます。

　こうした理由から、子どもを「育む」ことをもっと幅広く表す言葉があればと考えるようになり、「学校臨床力」という新たな用語を使うようになりました（角田ら，2016）。筆者の専門が臨床心理学ということもありますが、学校臨床力とは「教師の力量」を指しており、特に臨床心理学に限定した内容ではありません。先に学校臨床力は生徒指導に関連すると述べましたが、実際の子どもとのかかわりでは、生徒指導と学習指導は密接に絡み合うことが多いものです。また、この用語は特定の立場の教師の力量を指して

いるのではなく、あらゆる教師に必要な資質と考えています。また、教師個人だけでなく、「チーム」で子どもや家庭に対応するというように、学校組織にも当てはまる概念だと思います。

1-2 「臨床」について

　学校臨床力には「臨床」という言葉が入っています。ここでは「臨床」の意味を検討しながら、なぜ「学校臨床力」という新しい用語を使うのかを考えていきます。

　中村 (1992) は、「科学の知」と「臨床の知」を対比しています。「科学の知」とは、普遍性や一義性、あるいは物事を客観的に対象化して操作できることに特徴があります。つまり、「ああすれば、こうなる」という原因と結果が明確であることが、科学である条件といえます。自然科学はそれを徹底して発展してきました。今日、私たちの身の回りで、その知は広く用いられており、コンピューターや自動車をはじめ、日常の様々な生活用品に至るまで、枚挙にいとまがないほどです。基礎医学も多くはこうしたモデルを用いています。例えば、ある病気について、どのような病原菌が原因かを明らかにし、それに対して効果がある薬剤を見つけて、治療法を確立するということです。

　生活上のシンプルな例でいえば、スイッチを押せば（原因）、部屋の電灯がつく（結果）ということです。それは私がやっても、あなたがやっても同じ結果が得られるという「普遍性」を持ち、このスイッチを押せばいつもこの電灯がつくという「一義性」があり、スイッチや電灯は、私とは個人的に関係のない「対象化」された物という見方がなされます。

　それに対して、「対人的なかかわり合い」が主になる領域（医療、福祉、教育、心理など）では、各々の専門職が、相手（患者・利用者・児童生徒・クライエント）との関係の中で個別のニーズを把握して、それに応えるのが仕事となります。「臨床 (clinic)」とは、元々「死の床に臨む」という意味があります。つまり、亡くなる人の傍らにいて、看取るという重い仕事です。そこから転じて、生死を含む「命ある人」にかかわるという意味に、この言葉は拡がっていきました。したがって、学校臨床力には、教師や学校が「命ある子ども」にかかわる責任が含まれています。

　「科学の知」はもちろん大切ですが、人が相手となるとそれだけではすみません。科学の知の特徴である「普遍性・一義性・対象化」を、機械的に相手に当てはめるのではなく、相手の個性をよく理解し、その多様なあり方に思いを巡らすことが必要となりま

す。また、相手が一人ひとり異なるように、専門職の側の経験や個性も様々です。臨床や実践の場とは、こうした専門職と相手との相互作用によって形づくられています。つまり、専門職が自分と相手を切り離して対象化するのは困難で、関係の中にありながら、少しでも相手に役立つ知を見いだすことが求められます。言い換えると、「多様性」「個別性」「関係性」を大切にして、かかわり合いながら何らかの「臨床の知」あるいは「実践知」を生み出すのが、専門職の仕事といえます。

　教師が、不登校の子どもに対応する場合で考えてみましょう。似た家庭環境で同じ学年のAさんとBさんは一見共通点も多い子どもです。その2人が似た時期に学校を休みがちになりました。その際、担任はマニュアル的に「登校刺激を控える」という、登校を積極的に促さない対応をとりました。すると、Aさんには急かさない対応がうまく合って、担任への信頼感が増し、その後の登校につながりました。しかし、Bさんにはまったく逆の効果となり、担任に見放されたと感じ、不登校が長期化することになりました。望ましいと思われた、マニュアル化された対応というスイッチを押しても、同じ結果が得られるとは限りません。よくよく考えれば、AさんとBさんの個性は違いますし、家族構成や経済状況が似ていても、家庭内の人間関係は様々です。マニュアル的な指針は参考にはなりますが、大切なことは、個別性や多様性を考慮して、教師としての「私」が一人ひとりの「その子ども」と、どうかかわっていくかを模索することです。

　ただし、一般的な知識、例えば子どもの発達段階や発達障害についての知識があるのとないのとでは、子ども理解の細やかさは変わってきます。つまり、子どもや人間に関する「科学の知」を背景に持ちつつ、実際の子どもとのかかわりでは、目の前にいる子どもに応じた、個別の「臨床の知」をいかに生み出せるかが問われているのです。後述する「大文字の理論」と「小文字の理論」でさらに検討します。

1-3　「集団へのガイダンス」と「個人へのカウンセリング」

　本来、学校の教師の仕事とは、集団を相手に教えることです。また、育む面としても、クラスが子どもたちにとって安心できる場になるように学級経営を行い、音楽会や体育祭、修学旅行などの特別活動で集団をまとめ、子どもたちの社会性を育むことが教師の大切な仕事になります。このように学習指導としても生徒指導としても、「集団」にかかわることが教師の仕事の特徴です。

　それと同時に、一人ひとりの子どもの個性を把握し、ある子が今どのような状態にあ

るのか理解することが、学習指導でも生徒指導でも必要になります。授業やそれ以外の様々な場面で、教師は子ども「個人」にもかかわっています。このように、「集団」と「個人」の両方にかかわるのが教師の仕事の特徴です。

2017年（平成29年）に告示された学習指導要領の総則には、「児童（生徒）の発達の支援」という項目があり、その中で次のように書かれています。

> 学習や生活の基盤として、教師と児童（生徒）との信頼関係及び児童（生徒）相互のよりよい人間関係を育てるため、日頃から学級経営の充実を図ること。また、主に集団の場面で必要な指導や援助を行うガイダンスと、個々の児童（生徒）の多様な実態を踏まえ、一人一人が抱える課題に個別に対応した指導を行うカウンセリングの双方により、児童（生徒）の発達を支援すること。

この記述は、小学校・中学校・高校に共通しており、集団指導である「ガイダンス」と共に、多様な子どもと個別にかかわる「カウンセリング」の力量をすべての教師に求めている点が、これまでの学習指導要領とは大きく異なるところです。ここで述べられているカウンセリングとは、本書で強調している多様性や個別性に焦点を当てた「学校臨床力」と同義といえるでしょう。後の「教師モード」と「カウンセラーモード」で、教師にとってのカウンセリングについてさらに検討します。

1-4 養育的な「厳格性⇔受容性」

子どもが成長するには、どのような環境が必要でしょうか。様々な要因が考えられますが、最も基本となるのは、子どもが「安心」していられることだと思います。幼い子どもにとって、最初に安心できる場所は家庭であることが基本です。成長とともに、子どもの生活範囲は家庭から外の世界へと拡がっていきます。近所の公園も安心できる場であってほしいですし、保育園や幼稚園、そして学校に通うようになれば、クラスが安心できる場であるかどうかが、子どもにとってとても重要になります。

子どもが安心できる環境をつくり、維持することが、子どもにかかわる大人の使命といえます。そこには「厳格性」と「受容性」という、相矛盾する2つのかかわり方[*3]が必要になります。図1にイメージを示します。相反する2つの態度がバランスよくあることで、子どもが育つための環境が整います。

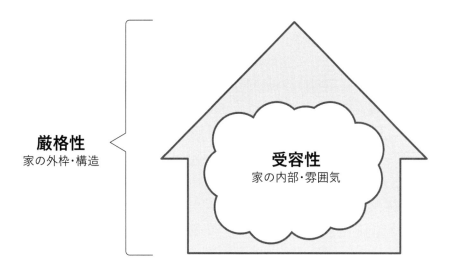

厳格性
家の外枠・構造

受容性
家の内部・雰囲気

図1　「厳格性⇔受容性」のイメージ

　これら2つの特性は、家庭に必要ですし、同様に教師や学校にも必要な態度・かかわり方です。しかし、二律背反な特性でもあるので、両者がぶつかることもあります。「厳格性⇔受容性」という表現をしているのは、そのことに注意をしてほしいからです。「甘やかさずに、厳しくするべきだ」という生徒指導担当教員と、「今は休みながら回復を待ちましょう」という保健室の養護教諭の意見は、対立するかもしれません。

　子どもが安心できる場を維持するには、その枠組みを守る「厳格さ」が必要です。外敵の侵入を防ぎ、中の子どもが多少無茶をしても壊れず、壁として持ち堪えられるような揺るぎなさが厳格性の働きといえます。また、内と外というように、物事を「分離する」「区別する」働きがあります。図1では、厳格性は家を形づくる屋根・壁・土台でイメージしています。それがルールを堅持することや、境界をしっかりと守ることにつながります。こうした枠組みを、子どもが揺るがしたり、逸脱してしまったりする場合には、「ダメなことはダメ」と叱責することもあります。

　その一方で、子どもがどのような状態にあるのかを、きめ細やかに受けとめ、必要な

＊3　これまでは「父性」と「母性」という言葉を使ってきました（角田ら, 2016；角田, 2019）が、性別にかかわらず、誰もが両面の可能性を持つことを示すために、本書では「厳格性」と「受容性」を使うことにします。

ケアを提供する「受容的な働き」が子どもには必要です。図では家の中の温かい雰囲気として、受容性を示しています。子どもに栄養を摂らせたり、安心して眠らせたりする、乳幼児期の養育から始まり、「情動調律」*⁴と呼ばれる子どもの心の状態に波長を合わせて応答することや、疲れたり怖くなった時の逃げ場や「安全基地」の役割を受容性が果たします。厳格性の「分離する」に対して、こちらは「共有する」働きといえます。

　保護者であれ教師であれ、一人の大人が子どもにかかわる場合（例えば、一人親や教室の担任）にも、その両面が働いています。「厳しくて温かい先生」という表現がありますが、これはまさに厳格性と受容性のバランスがとれた教師を表しています。また、父親と母親が家庭の中で役割分担することもありますし、教職員がチームとして役割分担することもあります。先の生徒指導担当と養護教諭の対立も、この子に今何が必要なのかという目的を共有しつつ話し合えるなら、建設的なケース会議になる可能性が高まります。

　安心できる環境にいるなら、子どもは、何かを試したり、遊んだり、学んだりがしやすくなります。つまり、自らの可能性を伸ばそうとする成長への準備態勢に、子どもは入ることができます。出発点は、子どもにかかわる一人ひとりの大人ですから、個々の大人が、自分のかかわり方がどのようになっているのかを自覚することが何より大切です。

　学校臨床力としては、教師が子どもにとった対応は、厳格性と受容性のバランスとしてはどうだったのかをふり返ってみることがあげられます。また、学校だけでなく、その子どもの家庭の「厳格性⇔受容性」がどのように機能しているかを、教師がアセスメントすることはとても重要です。もし、両親がいるなら、各々が子どもについてどのように考え、かかわっているのでしょうか。また、両親間で厳格性と受容性のバランスがどうかを、教師はアセスメントする必要があります。よくわからないのであれば、保護者から話を聴く必要があるでしょう。これからの対応としては、ケース会議や支援委員会といった会議の場で、この子どもに、今どちらのかかわりが必要かを検討し、メンバーの役割分担を確認することが役立つと思います。

1-5 感性と自己対峙

　学校臨床の実際は、教師と子ども（あるいは保護者）とのかかわり合いです。そこで求め

---

*4　4-2を参照。

られる教師の基本姿勢は、他者（子ども、保護者）の体験と、教師自身の体験の双方に意識を向けること、つまり相手とのかかわり合いに開かれた「感性」を大切にしながら、学校教育の枠組みの中で、子どもの成長に何が必要かを見立て、実践することといえます。

こうした学校臨床力は、個人的な教師の能力としても、学校の組織力としてもとらえることができます。教師個人としては、学習指導要領で「ガイダンス」として述べられている学級など集団へのかかわりと、「カウンセリング」として述べられている個別のかかわりがあり、さらには保護者との連携や対応があります。学校組織としては、チームとしての機動性を高め、子どもを人間関係のネットで抱える働きがあり、さらに個々の教師をバックアップするような、支持的な関係性の構築という面が含まれます。

教師個人の体験に焦点を当てると、他者とのかかわり合いにおいて、自分の思いと言動との間にどのようなズレが生じているかに敏感であり、そのズレにいかに対処していくかが学校臨床力の鍵になるといえます。例えば、子どもとの関係において、思いとは異なる偽りの言動を教師が続けることは、子どもにとって成長促進的な関係性になりにくいことは、容易に想像されるでしょう。つまり、教師に必要とされることは、カウンセリング・心理療法のカウンセラーの姿勢として重視される「自己一致 (self-congruence)」あるいは「自然さ・本心のまま (authenticity)」[5]に共通しており、こうした自分自身に向き合いつつ相手と共にあり続けようとする教師の姿勢が、子どもや保護者からの信頼につながるといえます。相手に「寄り添う」とは、本来こういう意味ではないでしょうか。

以上をまとめると、学校臨床力とは、教師（学校）が子ども（保護者）とのかかわり合いに開かれた「感性」を持ち、相手への関心だけでなく「自己対峙 (self-confrontation)」しながら、何が問題であるのかを見立て、子どもの成長につながる実践を模索し積み重ねていくことといえます。

1-6 自己を育む自己対象の働き

人の心は、ある程度の「まとまり」と時間的な「連続性」を持っています。それらがそ

＊5　以前はauthenticityの訳語に「本気さ」を当てていました（角田，2016a）が、本書では齋藤（2007/2017）を参考に「自然さ・本心のまま」に統一しました。

の人の個性を形づくっています。生きた体験としては、「私」や「自分」という感覚を持ちながら、様々な能力を用いて現実的に生活し、新しい事態に適応しようとしています。心理学では、こうした私や自分を「自我」「自己」あるいは広く「人格」と呼び、重要な研究テーマとしてきました。本書では「自分自身をどう感じているか」というニュアンスを含む「自己」という言葉を使います。

　人は生まれた時から、積極的に世界にかかわろうとし、新生児や乳児なりの「自己」が想定できます。幼い自己が発達するには、保護者という環境との「かかわり合い」がとても重要です。関係の中で生き生きと自分を体験し、自らの心に生じた様々な欲求を、環境との間で調節しつつ肯定できれば、自己は分化し成長していけます。他方で、かかわり合いから活力が得られず、自分の欲求を否定したり無視したりするしかない場合、自己の成長にマイナスの体験が生じます。こうしたプラス・マイナス両面を誰もが経験しますが、あまりにマイナス体験のダメージが大きければ自己の歪みが大きくなり、問題行動や症状につながっていきます。つまり、行き場を失った成長のモチベーションが、攻撃や回避などに姿を変えざるをえなくなり、自己の発達は停滞してしまいます。

　幼い頃は、保護者との間で子どもはプラス・マイナス両方の関係体験を味わい、学校に入るようになれば、教師やクラスメートとの間でこうした経験をします。このような自己の発達に注目した研究者に、コフート (Kohut, H.) というアメリカの精神分析家がいます (角田, 2014)。コフートは、人の自己が発達するには、成長しようとする欲求 (モチベーション) が周囲の環境 (重要な他者) に受け容れられ、応答されることが重要だと考えました。こうした関係調節を担う自己育成的な他者を、コフートは「自己対象 (selfobject)」という特別な用語をつくって強調しました。そして、この子どもの自己に応答する自己対象の「働き」こそが重要であるので、コフートはそれを「自己対象機能 (selfobject function)」と呼びました。

　例えば、お腹のすいた赤ちゃんに授乳するというように、幼い子どもの気持ちをキャッチして保護者が対応するのは、まさに保護者が子どもに対して自己対象機能を発揮することになります。しかし、いつも正確に子どもの気持ちがわかるわけではなく、誤解やズレが起こることも当然あります。つまり、保護者がいても、子どもにとって自己対象機能を発揮できないこともあるということです。教師も同様で、いつも子どもの自己対象として機能しているかというと、それは様々であるということになります。

　子どもの自己にどのような成長欲求があり、それに応答するとはどういうことなのかは、学校臨床力の根本にかかわる事柄です。詳しくは3章で検討していくことにします。

1-7 かかわり合いと間主観性

　「かかわり合い (relatedness)」とは、人と人との相互交流・関係性を指しています。学校臨床としては、教師と児童生徒との間でなされる「やり取り」とそこで生じる「各々の体験」が含まれます。毎日のかかわり合いを通じて子どもの成長が期待されますが、かかわり合いそのものは、プラスになることもあればマイナスの作用となることもあり、その実際を私たちは丁寧に見きわめていく必要があります。

　こうした「かかわり合い」を検討する際に、「間主観性 (intersubjectivity)」という哲学から生まれた考え方が役に立ちます（角田, 2018）。私たちは、暗黙のうちに「私」の世界（主観性）と「あなた」の世界（主観性）が共通することを前提に生きています。しかし、どこまで共通していて、どこから異なっているのかについて、明確な答えを示すのは実は難しいことです。裏を返せば、絶対的あるいは完全な「客観性」と呼べる世界があるのかどうかも、本当は問い直される必要があります。熊野 (2002) によれば、間主観性とは、こうした問いに答えようとするもので、「私」と「あなた」といった個々の主観性が、それぞれ単独で客観的な世界に向き合っているのではなく、相互にかかわり合いながら共通の世界を成立させていることを表しています。こうした共有された世界を「間主観的な意識 (intersubjective consciousness)」といいます (Stern, 2004)。

　図2で「絶対的な客観性」と「間主観的な意識」の違いを表してみます。点線が各々の心の世界、つまり主観性です。左側（図2のaとa'）は、絶対的で完全な客観性があると仮定した場合です。「私」の主観性がある程度客観性につながっており、「あなた」の主観性もある程度客観性につながっていれば、2人は世界を共有できる可能性があります(a)。「あなた」が客観性につながれないなら、「私」は客観性を保ち正常ですが、「あなた」は主観性だけに偏ったままで異常であるという言い方ができます(a')。

　右側（図2のbとb'）は、絶対的な客観性は仮定されておらず、あるのは各々の主観性だけです。2人のかかわり合いのあり方によって、「間主観的な意識」が共創されるかもしれません(b)。しかし、容易に成立しないこともあり、2人はそのズレに苦しむことになるでしょう(b')。その場合は左側（aとa'）のようにどちらかが正常・異常と簡単には決められなくなります。学校臨床力として、左右両方を知っていることはとても大切です。なぜなら、自分が絶対に正しいと、誰しも思い込む可能性を持っているからです。

　哲学だけでなく、実際の対人研究でも「間主観性」を中心に据えた研究がなされるようになり、母子についての乳幼児研究や、大人の心理療法の研究があります。2人の人

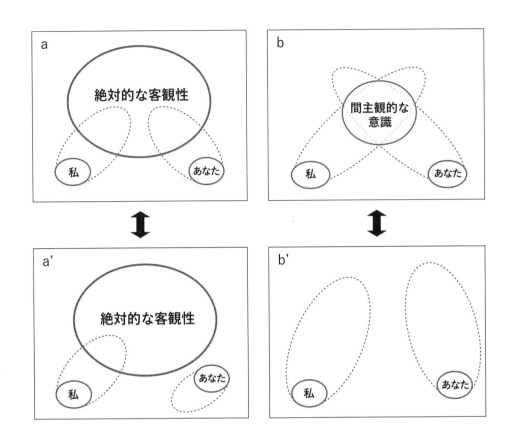

図2 「絶対的な客観性」と「間主観的な意識」の対比

が出会う対人場面では、各々が主観的な心の世界をもってその場に関与しています。そこでは双方の心が影響し合い、2人の主観性は変化していきます。こうした2人の間で生じる、刻一刻と変化する体験世界が「間主観性」であり、当事者である2人を含む「その場」「システム」を指しています。

　「乳幼児研究」と「大人の心理療法」というと、かなり質の異なる話に聞こえるかもしれませんが、「発達ライン」(Stern, 1985) という見方がされるように、ある人の乳幼児期の対人関係のあり方は、成人期も含めその後の対人関係につながっています。それは反復もされますが修正可能でもあり、まさに今ここでの関係において生きています。つまり、教師と子どもの関係を見る場合にも、乳幼児期を含めそれまでの人間関係を併せて見る視点が必要であり、また有効といえます。

　間主観性の見方で重要な点は、人間関係では常に心と心との間で何らかの相互交流が行われ、それを抜きに対人的な営み (子育て、教育、支援、治療) は語れないとしたことに

あります。つまり、私たちが陥りやすい、相手だけに原因を求めたり、逆に自分だけを問題にして反省するといった、一面的なものの見方に気づきを起こさせてくれます。こうした見方を持てると、相手に巻き込まれつつ、少しでも脱中心化して関係全体をとらえられる (Jaenicke, 2008) 可能性が生まれ、調和のとれた関係の構築につながります。これは、乳幼児研究（親子関係）や大人の心理療法（治療関係）だけでなく、教師と子どもとの関係をはじめ、医療や福祉など対人的なかかわりが中心になる、すべての領域に当てはまる大切な観点になります。

　学校臨床力における教師と子どもの間主観性については、4章で詳しく検討します。

1-8　特別支援教育における「橋渡し」の働き

　本節では、保育における特別支援の考え方である「橋渡し」を紹介します。これは幼児教育に限らず、小学校・中学校・高校などの通常学級において、支援が必要な子どもと他の子どもたちを教師がどうつなぐかの基本になる考え方です。個と集団の両方にかかわる教師の学校臨床力のポイントを、「橋渡し」の働きはまさに示しているといえるでしょう。

　後藤 (2002) は、統合保育を実践する基本姿勢について次のように述べています。「障害児をクラスの仲間の一人として受け止めようと、保育者も子どもたちもさまざまに悩み努力するうちに、障害児の本当の姿に出会う瞬間が生まれる。そのことが、新しい自分に出会う道を開いてくれる。そうした関係性が生まれることこそが大切なのである」(p.96)。

　ここで述べられているのは、障害を抱えた子どもを育てるという一方向の見方ではなく、相互に影響を受けるという双方向なとらえ方で、かかわる保育者も変化・成長し、周囲の子どもたちも変化・成長するという視点です。これは前節で見たかかわり合いや間主観性に共通した見方であり、こうした関係性の中でこそ、私とあなたが共有する「間主観的な意識」が2人の間に生まれやすくなります。間主観性と橋渡しの関連については、4-4で取り上げます。

　後藤は、保育者の内面の成長について、初期のことを「思ったように効果的な方法は見つからず、"一人の障害児のためにクラス全員が犠牲になっている" "なぜ私だけがこんな苦労をしないといけないのか" といった思いにもとらわれる。障害児のもつ障害のマイナス面にばかり目が向き、障害をもって生きる子どもの姿に目が向かわず、障害に

ふりまわされる段階である」(p.97) と述べています。やがて、真摯にかかわりを続ける中で、保育者に内面の発達を理解する眼が育ってくることについて、「障害児であれ健常児であれ、たとえ相手に触発されて生じたものであっても、その逸脱行動には必ず何らかのメッセージ性がある。……(中略)……短絡的にその困った逸脱行動をどうやってやめさせるかという指導法や対応策を考えるのではなく、その行動の意味を深くくみとろうとする理解の眼差しこそが、問題の解決を導くには不可欠である」(p.98) と述べています。保育者が自分の状態と向き合い、対象児との関係をとらえ直すことが求められるといえ、保育者の自己調節[*6]の作業が、対象児に対する理解のあり方を深め、そうしたプロセスの中で対象児も変化していくといえるでしょう。

　そして、クラスを育てる保育者の仕事として、最初に考える必要があるのは、障害を抱えた子どもが安心できる居場所の提供である、と後藤は指摘しています。特に、外界の変化や他者の侵入に過敏な自閉症児の場合は、保育者の働きかけを「侵入」と受け取りやすく、そうした子どもに対しては、他者の侵入の少ない場所を物理的につくったり、その子どもがいつも家でしている活動やモノを持ち込んで「お守り」にすることを提案しています。そうした「居場所」や「お守り」を積極的に提供することで、子どもは徐々に保育者を安心できる対象として受け入れていきます。

　居場所づくりがある程度安定したものとなるにつれて、今度は子どもと特定の大人とのかかわりを基盤にした、他児との交流づくりが課題になり、こうした保育者の役割を、後藤は「橋渡し機能」と呼んでいます。彼は保育者の橋渡し機能を、表1のように3つに分類しています。

　表1の①は、保育者が対象児と楽しそうにかかわっている姿を見て、周りの子どもたちも、対象児の好きな遊びを次第に理解するようになり、さらに2人のかかわりに他児も参加するようになり、対象児の喜ぶ姿を見て他児たちも楽しめるようになることを指しています。

　②は、対象児の中に他児への関心が生まれるようになった時に、保育者は自分と他児とのかかわりに対象児を誘い込むことを指しています。このような場合、保育者は、かかわりの「仲介者」あるいは働きかけの「翻訳者」という役割を担っています。背景にある保育者と対象児とのつながりの深さが、うまく展開するための必要条件となります。

　③は、保育者を抜きにして、対象児と他児との間に交流が生まれる場合を指してい

---

*6　2-2を参照。

表1　保育者の3つの橋渡し機能

> ① 保育者と対象児とのかかわりに他児が加わる
>
> ② 保育者と他児とのかかわりに対象児を巻き込む
>
> ③ 対象児と他児との間をつなぐ

す。2つのパターンがあり、対象児から他児に関心を持ちちょっかいをかける場合と、対象児に関心を持ち始めた他児が自発的に対象児に働きかける場合があります。いずれの場合も、その初期には、保育者が適切な仲介をすることが必要となり、対象児と他児との「通訳」をしたり、楽しさを共有し増幅するための「媒体」となることが求められます。

　学校臨床力にもこうした「橋渡し」は重要です。教師は日常の様々な場面で、モデルになったり、翻訳者や仲介者になったりしながら、発達障害がある子どもと他の子どもたちとの思いをつないでいきます。そのままでは生じにくい間主観的な意識体験を、教師の橋渡しを媒介にして紡ぎ出すのです。その基盤となるのは教師と対象児（生徒）との信頼関係であり、教師の共感性[7]の精度が高まっていることです。ここでいう共感性とは、それまでになされた試行錯誤的な毎日の経験や、家庭や他機関からの情報、また発達障害そのものについての理解などが、教師の中でつながりを持ち、対象児（生徒）の内面への想像力が高まった状態を指しています。

1-9　「教師モード」と「カウンセラーモード」

　教師が学校臨床力を発揮するには、「多様性」「個別性」「関係性」を大切にする必要があると述べました。こうした柔軟な臨床力を身につけていくには、自分の感性を磨くための時間や経験が必要となります。ここでは、教師や教職を目指す学生がまず意識できることとして、「教師モード」と「カウンセラーモード」という2つの態度（角田, 2016b）

＊7　3-7（1）も参照。

の使い分けを紹介します。

　教師は集団場面と個別場面の両方で子どもにかかわります。教師にまず求められることは、集団に対して授業をすることです。教壇に立ち、子どもたちの注意を集め、授業に意欲を持たせるように、話しかけ、説明し、問いを発します。わかりやすいパフォーマンス（演じる力）が必要となりますし、タイプは様々であれ、集団をまとめていくためのリーダーシップが必要です。また、授業以外でも特別活動やクラブ活動を通じて、子どもたちのエネルギーを集約し、共に支え合い協働する体験を目指すのが教師の仕事です。つまり、能動的・積極的な働きかけが教師には求められることが多く、これを「教師モード」と筆者は呼んでいます。教師モードでは、子どもの持っている可能性を引き出し、積極的に伸ばそうと働きかけます。こうした姿勢は、集団だけでなく、個人として子どもにかかわる場合にも表れやすいといえます。

　他方で、学習指導要領では、すべての教師に個別の対応である「カウンセリング」の力量が求められています[8]。では、専門のカウンセラーのかかわり方・態度とはどのようなものでしょうか。カウンセラーとは、相談に来るクライエント（来談者）[9]と個別に会って面談[10]するスタイルが基本です。心理療法の学派は様々ですが、来談者中心療法や精神分析的な心理療法では、クライエントの話や表現をできるだけ尊重して傾聴します。

　教師モードと比較すると、カウンセラーは受動的なスタンスが基本です。授業のように、カウンセラーがあらかじめ準備していた内容を行うのではなく、クライエントの歩調に合わせながら、新たな成長への変化を待つ姿勢といえます。こうした姿勢を「カウンセラーモード」と筆者は呼んでいます。

　「モード」という言い方をしたのは、普段自分がどういう姿勢で子どもや保護者に接しているかを意識するためです。この子は何か自分に相談したいことがあるのかもしれない、と教師が思うなら、普段通りの「明るく元気でよく動く教師」もよいのですが、カウンセラーモードを意識してみることが役立つかもしれません。具体的にどのようなことに留意するのかを表2に示します。

　表2の①は、子どもが教師である自分に何か言いたそうなら、そういう瞬間が生じた

＊8　1-3を参照。

＊9　クライエント（来談者）は、子どもの場合も大人の場合もあります。

＊10　グループ療法もあります。

表2　カウンセラーモードのポイント

① 面接ができることの意義・可能性への期待を持つ

② 結論を急がない＝「あいまいさ」に耐える

③ 控えめでいる

④ 一見些細なことも尊重して関心を持つ

⑤ 相手の体験を確かめる（共感の姿勢）

⑥ 最後にこちらの理解したことを伝える

ことを大切に思って話を聴くということです。「面接」というのは形式張ったことではなく、顔を合わせて話すという意味で、廊下ですれ違いざまのちょっとした会話も含めて考えてください。

　②は、多忙な教師には難しいかもしれません。テキパキとこなしていくことで日常の仕事が何とか回っているので、早く白黒をつけたくなるかもしれませんが、他者の相談を受ける際には早合点しないことが肝心です。

　③は、相談をしたいのは子どもや保護者ですので、教師が自分の意見や経験を話したくなっても、それはいったん控えようということです。教師が話をしてはいけないのではありませんが、相手が自由に表現する「場・空間」を提供しようということです。

　④は、せっかく教師が耳を傾けても、子どもはネットやゲームの話をするかもしれません。しかし、教師である自分にわざわざ話しているのなら、「人とかかわりたい」という思いが強いのかもしれません。本当の思いは、裏側に隠れていることも多いものです。

　⑤は、話を聴いていて、相手がその時にどんな気持ちになっていたかを確かめるのは、とても大事であることを指しています。例えば、子どもが両親の夫婦げんかについて話をしたとします。それは怖かっただろうと教師は思うかもしれません。しかし、「その時、あなたはどんな気持ちだった？」と尋ねてはじめて、普段すれ違いが多い両親が、けんかにしろ真剣に話し合ったことに子どもは良い意味で驚き、それを教師に伝えたかったことがわかるかもしれません。

　⑥は、自分の話を教師がどう受け取ったのかが、子どもにフィードバックされること

になります。「先生は自分の話をちゃんと聞いてくれた」と子どもが感じることは、他者から受けとめられている体験、つまり自己対象の働きになります。また、フィードバックされることで、子どもと教師の間のコミュニケーションに誤解やズレが起こっていることが明確になるかもしれません。

　学校臨床力には「教師モード」と「カウンセラーモード」の切り替えというように、子どもの状況を見立てながらの柔軟な対応が大切です。

1-10　省察的実践者

　近年、教師の「省察 (reflection)」の意義が強調されています。これはショーン (Schön, 1983) が、「省察的実践者 (reflective practitioner)」として、建築デザイン、心理療法、工学デザイン、都市計画、経営マネジメントといった多方面の専門職のあり方を検討したことに由来しています。何らかの専門性を必要としている人（クライエント）と、共にかかわり合いながら、そのクライエントの必要性に合った知を生み出すことが専門職・実践者の仕事であるとショーンは強調しました。クライエントとは、職域によって変わりますが、顧客であり、依頼者であり、患者であったりします。教育場面なら子どもや保護者となります。

　ショーンは、こうした専門職の特徴を明らかにするために「省察的実践者」という言葉を使いました。「省察」とは、何かと何かを「照らし合わせる」という意味です。彼が言いたかったのは、専門職に携わる人とは、「これまでの経験や知識などに照らし合わせながら、クライエントに応じた知を生み出す」ということで、それは意識的・言語的であるのと同時に、実際にはもっと非意識的・非言語的に、つまり直観的・感覚的に行っているということでした。こうした指摘は革新的で、「省察的実践者」がキーワードとして注目されるようになりました。

　「省察的実践者」としての教師とは、子どもとのかかわり合いの中で、「知恵」「工夫」「アイデア」などの「実践知」を生み出す能力を持った職業ということになります。先に「教師の感性」について触れましたが、ここでいう実践知とは、まさに感性によって生み出されるものであり、「臨床の知」と言い換えることができます。

　例えば、学習意欲のない子どもとやり取りをしている最中に、とっさに出た教師の一言が、その子どもにフィットして事態を前進させるような場合です。教師としては「何となくそう言うのが良さそう」というような感触はあっても、それ以上の説明は難しい

時があります。しかし、適当に言ったら偶然うまくいったということではなく、その教師なりに漠然とした確信や予想を持った上での言動です。

こうした「省察（実践知を生む瞬間的な活動）」を説明するために、ショーンは「行為の中の省察（reflection-in-action）」という表現を使いました。つまり、その場にいる教師は、意識的にも非意識的にも頭や心をフル回転させて、これまでの知識や子どもとのかかわりの記憶と今とを瞬間的に照らし合わせながら（リフレクトしながら）、何が今必要なのかを見いだそうとしているのです。本書では、こうした感性に基づいて理解し対応する働きを、「**実践知を生む省察力 (reflectivity)**」と呼びます（角田, 2019）。

しかし、当たり前のことですが、専門性と言ってもいつもうまくいくとは限りません。子どもや家庭は各々異なり、個別性や多様性があります。それゆえ、教師が柔軟に対応できるように、少しでもその感性を磨いておきたいものです。「学び続ける教師」という言葉がありますが、それは「実践知を生む省察力」を常に向上させようとする教師のあり方を指しているといえます。専門職としての感性を高めるには、現場で感性に基づいて動いてきたこれまでを、今度は意識的・言語的にふり返る（リフレクトする）ことが必要です。先の「実践知を生む省察力」と区別するために、くどい言い回しになりますが、こちらを「**ふり返りとしての省察**」と呼びます。

何をどうふり返って省察するのか、また「実践知を生む省察力」をどう磨いていくのかについては、2章で詳しく検討します。

1-11 学校臨床力と事例検討・省察

前節で見たように、教師は自らの感性をフル稼働させ、学校現場で毎日多くの子どもたちと出会い、様々な体験をしています。しかし、こうした体験をふり返って省察する機会は少なく、たとえ時間を確保できても、省察の方法や場が十分に整っていないのが現状ではないでしょうか。

学校教育だけでなく、心理、医療、福祉など対人支援にかかわる職業では、個々の事例を丁寧にふり返り検討することは必要で、「事例検討（研究）会[*11]・ケース会議（case conference）」として位置づけられています。こうしたふり返りの場は、支援者の実践力

＊11　本書では「事例検討」を最も広い意味で使っています。

の向上や、チームとして対象者を理解することで、それまでの経過の客観化を目的とする場合（事例検討会）や、今後の方針を明確にする場合（ケース会議）があります。さらに、チームとしてのコミットメントを確認する機能や、支援者という個人をチームで支える意味もあり、こうした話し合いの場の充実によって得られるところは大きいといえます。

　教師個人の作業として文章化する「事例検討（事例研究）」があり、さらに教職員の会議として行われる「事例検討会・ケース会議」や「グループ省察会」もありますが、これらの取り組みは、個別性の高い「一つの事例」に焦点を当てたもので、一見すると普遍性が低く、効率が悪いと思われるかもしれません。しかしながら、「こうやれば子どもが良くなる」といった単純化した話ではなく、各々個性を持った教師と子どもという、生きた2人のかかわり合い（臨床の場）について、私たちは見ようとしています。

　学校臨床の場で実際にどのようなことが生じ、その中で人はどう変化・成長しうるのかを知るには、一つの事例を丹念に検討する個性記述的な研究方法 (idiographic approach)[12] が、最も適しています。時間とエネルギーが必要ですが、生身のかかわり合いをふり返る事例検討こそが、学校臨床力を高めることにつながります。

　個性を記述することには「物語性」が含まれています。当事者としては、その作業を通して様々な断片をつなぎ合わせる（物語を紡ぐ）ことになり、そこで省察を深める可能性が生まれます。また、当事者以外の人にとっては、その物語性ゆえに追体験的な理解が可能になるため、研究（会）として一定の時間は必要ですが、実は体験学習としての効果も高いといえます。

　「物語性」というと、恣意的な作り話を連想する人がいるかもしれません。しかし、事実の羅列だけで理解は深まるでしょうか。「文脈 (context)」という言葉がありますが、一つの事柄を把握するには、その背景に何があり、前後の流れがどうなっているかを知ることが大切になります。つまり、文脈を読み取ることで、より広い枠組みの中にその事柄が位置づけられます。そうなると、訳のわかりにくかった事柄が相対化されたり、関連づけられたりし、より深い理解が可能になります。

　例えば、ある子どもを理解するには、「生育歴 (life history)」があるかないかで大きく

---

*12　オルポート（Allport, 1961）は、心理学の研究方法を、法則定立的な研究方法 (nomothetic approach) と個性記述的な研究方法に分けました。言い方を変えると、前者は量的研究、後者は質的研究といえます。

異なります。子どもが問題行動を起こしているなら、今ここでの対応はもちろん必要ですが、その子どもの生い立ちや、これまでの学校での様子や、家庭状況などがどれくらい見えているかで子どもの理解は大きく変わります。つまり、これからの指導・支援のあり方も、文脈を読むこと、すなわち「見立て」によって大きく変化します。

　「物語性」や「文脈」とは、教師が子どもに関する様々な情報を関連づけ、一人のまとまった人物像として解釈することを指しています。それゆえ、様々な情報をキャッチする教師自身の「感性」が大切になります。

　具体的な省察・事例検討の方法や、事例検討会・グループ省察会の進め方については、5章で詳しく取り上げます。

2章

教師の省察

2-1 省察の二重性：「実践知を生む省察力」と「ふり返りとしての省察」

　1-10で見たように、「省察的実践者 (reflective practitioner)」という考え方を広めたショーン (Schön, 1983) は、古い考え方である、専門家だけが独占しているアカデミックな知の提供は、上意下達なスタイルであり、現代の現場感覚には合っていないと批判しました。様々な現場にいる専門職は、その求められているサービスをクライエント (顧客・依頼者・患者、そして児童生徒) とのかかわりの中で、最適なものにしようと対応していきます。ショーンは、そうした知の生成を、専門職による「行為の中の省察 (reflection-in-action)」と呼びました。

　「行為の中で省察するとき、そのひとは実践の文脈における研究者となる。すでに確立している理論や技術のカテゴリーに頼るのではなく、行為の中の省察を通して、独自の事例についての新しい理論を構築する」(邦訳p.70) とショーンは述べています。つまり、これまでのやり方を押しつけるのではなく、クライエントのニーズを見きわめるべく個別にやり取りをしながら、最適なサービスを提供するということです。こうした不確かさを抱えつつ創造的でもある実践者のあり方に、彼は現代的な専門職の意義を見いだしました。

　専門職に携わる人とは、これまでの経験や知識などに「照らし合わせ」ながら、クライエントのニーズに応じた知を生み出していきます。それは意識的・言語的に行っていますが、実際にはもっと「非意識的・非言語的」に、つまり直観的・感覚的にも行っています。

　しかし、村井（2015）が指摘するように、ショーンの「省察」の考え方には様々な時間のとらえ方（時間性）が混在しているようです。例えば、オーケストラの指揮者が演奏中に省察するという「瞬時の省察」もあれば、公演期間を通してふり返るというような「長期の省察」もあります。村井によると、わが国の教師論で「省察的実践者」を考える際に、こうした時間性が曖昧にされてきました。

　村井は、行為の最中でなされる、教師の瞬間的で直観的な「省察力（reflectivity）」[*13]を特に重視しています。これは、その場の流れを断ち切るような、言語によって立ち止まる省察ではなく、流れの中に身を置いたまま、瞬間的に知を生み出すことを指しています。教師の仕事の特徴とは、目前の子ども（あるいは保護者）との「今ここ」でのかかわり合いにおいてなされることが多いものです。

　コルトハーヘン（Kolthagen, 2001）は、教師教育の領域で「省察」の重要性を体系化しました。そこで重視されているのは、子どもとのかかわり合いにおいて、教師（学生）の思考・感情・言動を創出する「暗黙知レベルのゲシュタルト」と、その時の自分の気持ちや思いといった「主観的な体験」をふり返ることです。そして、そこで得られた気づきをもとに、より言語的なレベルで省察することで、教師は新たな教育活動に進めるとしています（Action, Looking back on the action, Awareness of essential aspect, Creating alternative methods of action, Trial：ALACT^{アラクト}モデル）。

　コルトハーヘンが言う「暗黙知レベルのゲシュタルト」とは、教師が経験的に学習し既に自分の中に身につけた「内的な準拠枠」、つまり「経験則」を指しています。これは村井の言う瞬間的で直観的な「省察力」の基盤といえます。1-10で紹介したように、かかわり合いの渦中において教師の内面で半ば自動的になされる、これまでの経験則との照合（reflection）を、本書では**「実践知を生む省察力」**と呼ぶことにします。

　さて、コルトハーヘンのALACTモデルを進める際に、とても重要な前提があります。それは、教師がふり返りを行う際に、「安心して[*14]表現できる場」があるかどうかということです。初心者に限らず、子どもとうまくいかなかった状況をふり返るのは、教師

[*13]　村井（2015）においては「反省性（reflectivity）」と表記されていますが、本書では「省察力」という言葉を当てています。また、村井は、こうした「省察力」をヴァン＝マーネン（van Manen, 1990）を参照して「教育的タクト」と呼んでいます。

[*14]　1-4では、子どもの成長にとって、安心できる環境の重要性を述べましたが、同じことが教師の成長にも当てはまるといえます。

として辛いものです。その上、揚げ足を取ったり、正論ばかりを述べて非難する指導者や同僚がいる状況なら、誰が自分の取り組みや内面を吐露できるでしょうか。

　安心して表現できる場があってはじめて、教師や学生は指導者と共に言語的・意識的に自分自身に直面することができます。その気づきと再統合によって、次の成長への可能性が生まれます。先に触れた村井も、瞬間的・直観的な「省察力」について、事後に意識的に省察することが、教師の専門性の向上につながるとしています。つまり、その場でははっきり意識していなかった自分の内面や、子どもとのかかわり合いについて、事後に検討すること（reflection）が重要になります。これを本書では「**ふり返りとしての省察**」と呼びます。

　「実践知を生む省察力」と「ふり返りとしての省察」をあわせてみると次のようになります。子ども（あるいは保護者）とのかかわり合いの渦中で働く教師の「実践知を生む省察力」は、展開する流れの中で相手にとって有効な「知」を生み出すこともあれば、残念ながらそこまでに至らないこともあります。ショーンが指摘したように、「行為の中の省察を通して、独自の事例についての新しい理論を構築する」（邦訳p.70）、つまり一人ひとりの子どもとかかわり合う中で、戸惑いや不確かさを抱えながらも、その子に必要な対応を見いだそうとすることが教師の実践といえます。

　しかし、再三述べているように、その場で瞬間的に感じ取り判断したことには、自分でも意識しきれないことが多く含まれています。それゆえ、意識的・言語的に「ふり返りとしての省察」を行うことが必要になります。安心感を持ちつつ自己対峙できる場があることで、教師の「暗黙知レベルのゲシュタルト」は磨かれ、より専門性を持ったものに更新されます。「暗黙知レベルのゲシュタルト」とは、教師の「感性」の基盤でもあります。

　学校臨床力の向上とは、「ふり返りとしての省察」によって教師が自らの感性を磨くこと、つまりその場で機能する「実践知を生む省察力」を少しずつ高めていくことといえます。

2-2　何を省察するのか：自己調節と関係調節

　では具体的に「ふり返りとしての省察」で、何を省察すればよいのでしょうか。教師と子どもがやり取りをしている場面を想定してみましょう。図3のように、左に教師がいて、右に子どもがいます。2人がかかわり合っている状況で、大きな矢印は2人のや

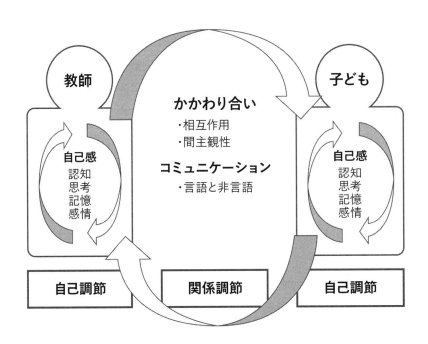

図3 省察対象：自己調節と関係調節

り取り・かかわり合いを示しています。

　まず教師の内面を見ると、その時の教師の心の状態（自己感）があります。例えば、調子が良くて子どもに余裕を持って向かい合えることもあれば、他に心配事があって目の前の子どもに集中しにくいこともあるように、人（教師）の自己感は刻一刻と変化するものです。

　また、その場で出会っている子どもに対応しようと、教師の心の中では、認知、思考、感情、記憶といった心の様々な機能が、意識的にも非意識・無意識[15]的にも働いています。つまり、心の諸機能とは自分で気づいていることもあれば、知らぬ間に自動的に働いていることもあるということです。それらの結果として、教師からその思いが言葉として発せられたり、知らないうちに身振り手振りといった行動として示されます。こ

　＊15　非意識と無意識は、どちらも自分では意識していない状態を指しています。厳密には、「非意識」は手続き的・自動的な活動であるため意識に上らず、「無意識」は不安や恐怖から身を守るなど防衛的な活動であるため意識に上らないという意味になります。

うした一連の働きは、教師の自己の中で何らかの安定を求めて進むことになり、「自己調節 (self-regulation)」と呼ばれます。図3の教師の中の矢印は、こうした自己調節の働きを示しています。ただし、調節はうまくいくこともあれば、不調に終わることもあります。同様に、子どもにもその子なりの自己調節の働きがあります。

　つまり、教師にはその人の自己調節の「スタイル」があり、子どもにはその子独自の自己調節の「スタイル」があるといえます。言い換えれば、その人が取りやすいスタイルが、日常でいう「個性」や「性格」であり、ある出来事に対する具体的な「対処」や「能力」として表れます。前節で述べた「暗黙知レベルのゲシュタルト」もこうした自己調節を形づくるひな型といえます。

　さて、2人がかかわり合うことになると、意図的あるいは気づかぬうちに相互交流をしながら、2人の間でもお互いのバランスを取ろうと調節する働きが生まれます。これは「関係調節 (interactive regulation)」と呼ばれ、先述した大きな矢印がそれを示しています。4章で取り上げる「間主観性」[*16]とは、こうした2人が共同してつくりあげる場を指しています。また、実際のやり取りとしては、言語によるコミュニケーションと、言葉以外の表情や声のトーン・態度といった非言語的なコミュニケーションの両方があります。

　関係調節がうまく行われると、各々の自己調節の不調は改善される可能性が生まれます (齋藤, 1998)。泣いている乳児を養育者があやしている場面は、その一例になります。しかし、子どもの不調 (問題行動) の改善を目的にしていますが、いつの間にか教師が苛立って進展なく終わるのであれば、双方が自己調節不全に陥ってしまいます。つまり、関係調節がうまく機能しない場合もあります。現実の対人場面では、こうしたプラス・マイナス両面のかかわり合いが常に起こっています。

　教師は、自分の自己調節と子どもの自己調節のあり方に省察の注意を向ける必要があります。そして、2人の関係調節のあり方にも目を向ける必要があり、これら3つが省察の対象といえます。

＊16　1-7も参照。

2-3 理論と実践の往還：
「行為レベルの実践（知）」と「言語レベルの実践知」

2-1で見たように、「実践知を生む省察力」とは、かかわり合いの渦中で教師の感性に基づいて瞬間的・直観的になされる、これまでの経験則との「照合（reflection）」を行う能力です。そして、それが教師の具体的な思考や言動として表れます。本書では、子どもにとって成長促進的な教師の言動を「**行為レベルの実践（知）**」と呼ぶことにします。わざわざ括弧をつけて「実践（知）」としているのは、その場ではまだ「実践知」かどうかが明確になっていないためです。

行為レベルの実践（知）は、教師自身も当事者であるため、その場で十分に客観化するのは難しいものです。それゆえ「ふり返りとしての省察」が必要になります。教師が、かかわり合いの体験を意識的・言語的に「事後に検討すること（reflection）」で、行為レベルの実践（知）は「**言語レベルの実践知**」になる可能性があります。つまり、教師がその意味をしっかり自分で把握できた実践知です。

先に紹介したコルトハーヘンは、教師教育における「理論と実践の往還」について、教師にとっての理論とは、学問知（エピステーメー：episteme）である抽象的な「大文字の理論」よりも、個別的で状況依存的な実践知（フロネーシス：phronesis）である「小文字の理論」のほうが重要であると述べています。これは2-1でショーンが「行為の中の省察を通して、独自の事例についての新しい理論を構築する」と述べたことと同じ内容です。つまり、一人ひとりの子どもに合った実践知を見いだすことが、教師にとって最も大切だということです。

もちろん、一般化され抽象度の高い学問知を教師が学ぶ意義は、教職教養や教科専門性としてありますが、こうした「大文字の理論」は現場から離れて身につける性質のものであり、それが即座に実践知になるとはいえません。「小文字の理論」とは、「行為レベルの実践（知）」が「言語レベルの実践知」へとある程度明確化され、教師の経験則（内的な準拠枠）として根付いたものといえるでしょう。

「理論と実践の往還」とは「小文字の理論と実践の往還」と表現するほうが、現場の教師には適切かもしれません。つまり、実践が「大文字の理論」に適合しているかどうかに目を奪われてしまうと、あるべき姿からの逸脱ばかりに注意が向き、目の前の子どもとの個別のかかわりを重視する学校臨床力の向上にはつながりにくくなります。大文字の理論は重要ですが、現場においては背景にあってこそ意味を持ち、教師の中で個々の子どもに応じた小文字の理論へと柔軟に変換されていくことが必要といえます。

　客観－主観という観点からすると、学問知（大文字の理論）は客観性の高さに意義があります。他方で、言語レベルの実践知（小文字の理論）は、教師と子どもの主観がそこに深くかかわっており、個別性の高さに特徴があります。どちらが優れているという話ではなく、その違いと意義を認識していることが大切です。実践は現場で行われています。つまり、「間主観的な場」でなされるものであり、客観性を重んじるあまり当事者たちの「主観」を排除してしまうなら、重要な情報に目を向けないことになってしまいます。

2-4　「省察の二重性」と「理論と実践の往還」の関連

　ショーン（Schön, 1983）の「省察」概念には、現場で教師が一瞬で行うものもあれば、時間をかけて事後にじっくり行うものもあります。つまり、時間性や意識水準の異なるものが含まれ、それらを明確にするために「実践知を生む省察力」と「ふり返りとしての省察」とが区別されました。こうした省察概念の二重性と、「理論と実践の往還」の関係を示したのが図4です。①と③は順番が逆になりますが「理論と実践の往還」を、②と④が「省察の二重性」を示しており、それらは循環するイメージでとらえることができます。なお、大文字の理論は、先に述べたように小文字の理論の背景に控えています。

　まず「①実践」ですが、学校現場では毎日様々なことが起こっています。かかわり合いの中で、子どもの成長が促進される（行為レベルの実践（知）が形づくられる）こともあれば、前に進めずに新たな問題が生じることもあります。また、教師と子どもとのかかわり合いには、はっきりと自覚できる面とそうではない面が含まれています。図3では、言語的・非言語的コミュニケーションに分けましたが、もう少し厳密に考えると、意識的・意図的で言語面が優位な「明示的（explicit）なコミュニケーション」と、非意識的・非意図的で非言語面が優位な「暗示的（implicit）なコミュニケーション」が常に混在しているといえます。例えば、言葉でも、とっさに言ってしまうことがあり、自分でもそう言った理由がはっきりわからないことがあります。こうした場合は、暗示的なコミュニケーションになっているといえます。現場の教師とは、子どもと自分の状態をある程度は意識しつつ、しかし、ある程度は直観的・感覚的に受けとめながら判断し対応しているので、両方のコミュニケーションが混じっているのが普通です。

　成長促進的なかかわり合いでも、そうならなかった場合でも、実践で体験したことを「②ふり返りとしての省察」で意識的・言語的にふり返って検討することは、教師の学

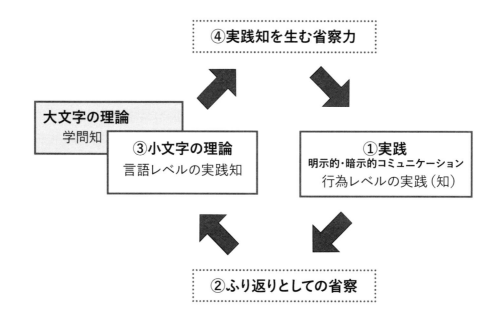

図4 「省察の二重性」と「理論と実践の往還」の関連

校臨床力の向上に欠かせません。自己省察やグループ省察会 (事例検討会) を通じて、教師の内面で漠然としていた言動 (行為レベルの実践 (知)) が自覚され、小さくても新たな気づき (言語レベルの実践知) になるのであれば、その教師の子どもに関する「③小文字の理論」は発展したといえます。

　例えば、それまでのかかわり合いを省察し、教師Aが「今度生徒Bとかかわる時は、焦ってこちらからすぐに案を出すのではなく、少し待ってみよう」と、納得して思えるような場合です。それで必ずうまくいくとは限りませんが、教師Aの生徒Bに対する理解と対応の幅は拡がっています。こうした変化は教師側のものですが、それは教師と子どもの双方に影響を与え合うことになり、生徒とのやり取りが新たな「行為レベルの実践 (知)」を生むかもしれません。このように見ると、かかわり合いの場で生じる「行為レベルの実践 (知)」とは、教師が一人で思いついたというよりも、教師と子どもの相互作用の中で新たに「共創 (co-create)」されたと表現するのが適切かもしれません。

　教育実習生や初任者の場合、教職経験が少なく経験則 (内的な準拠枠) が不確かなため、いきなり選択肢を拡げるのは難しいかもしれません。それゆえ、その子どもに合ったことを考えるよりも、「こうするべき」という、大文字の理論や慣習に頼りやすくなります。しかし、毎日の現場体験を安心してふり返る機会があるなら、その教師なりの「④

実践知を生む省察力」は日々更新されやすくなるでしょう。経験豊富な教師の場合でも、いつのまにか自分の経験則が唯一正しいと過信することはありえます。経験の多少にかかわらず、「ふり返りとしての省察」は学び続ける教師に必須といえ、そうした姿勢を維持することこそが「省察的実践者」といえるのではないでしょうか。

3 章

省察に必要な視点1

自己を育む自己対象の働き

3-1 自己対象とは

　コフート (Kohut, 1971, 1977, 1984) は、人の自己が発達するには、成長しようとする欲求・動機づけ（モチベーション）が周囲の環境（重要な他者）に受け容れられ、共感的に応答されることが重要と考えました。彼は精神分析的自己心理学 (psychoanalytic self psychology) という心理療法の立場を体系化する中で、こうした応答する他者を「自己対象 (selfobject)」と呼ぶようになりました。教師も子どもにとっての自己対象として働く可能性を持っています。

　この言葉はコフートの造語で、「自己－自己対象関係」というように、「自己」と対になった概念です。この後、「自己愛と叱る・褒める」「自己心理学とアセスメント」「自己対象体験の大切さ」「成長のモチベーション」「動機づけシステムを用いた具体例」「共感」「教師が自己対象として働く」に分けて検討していきます。自己心理学の考え方は、子どもの心の成長とそこに潜む病理、また、やる気といった活力や学習意欲を理解する際に役立ちます。

3-2 自己愛（成長のモチベーション）と叱る・褒める

　皆さんは「自己愛」と聞いて、どのようなイメージを持つでしょうか。キリスト教を背景に持つ、欧米の古典的な価値観では、「自己愛 (narcissism)」はマイナスで否定され

るべきものでした。「他者を愛すること（対象愛）」が美徳で、高い倫理性を持つと考えられてきたからです。フロイト（Freud, S.）に始まる古典的な精神分析でも、自己愛は未熟な対象愛とされ、捨て去るべきものと見なされていました。しかし、コフートは自己愛のプラスの側面に注目し、自己の発達に不可欠で健康な動機づけ（モチベーション）と考えるようになりました。彼は「自己愛」を出発点に探究を進め、それが後に「自己－自己対象関係」へと展開していきました。

　筆者は、大学の授業で「自己愛」のイメージを学生に尋ねることがあります。以前はマイナスの印象を持つ学生が多かったのですが、2018年頃からプラスに受け取る学生の割合が増えるようになり、変化を感じています。欧米と文化的な違いはありますが、日本社会の中で、個を大切に思う感覚は、かなり変わってきたようです。

　学校場面で「わがまま」「身勝手」「自己中心的」と見える子どもの行動の背景には、自己存在の確認や信頼関係への渇望があります。つまり、自己肯定感の低い子どもが、何とか自分を維持しようとする姿が、こうした問題行動に表れているといえます。教師は、子どもたちの根底にある成長への希望を理解しつつ、指導や支援を行うことが大切です。このことは、「厳格性⇔受容性」にも当てはまります。つまり、子ども理解が不十分なまま、ステレオタイプに厳しい指導を行うことや、反対に温かいだけの対応に偏るなら、それは一方的な押しつけや、表面的な甘やかしに終わってしまうでしょう。

　「叱る」と「褒める」も同様に、子どもの状況に応じた教師のかかわり方が必要です。コフート（Kohut, 1977）は、子どもの自己とは、意識的な激励や称賛、あるいは不賛成や非難によるのではなく、周囲でかかわる大人の中に深く根ざした「反応性」によって形づくられると述べています。つまり、その本質は、意図的に叱る・褒めるといった操作にあるのではなく、「この先生は心からそう思って自分にかかわってくれている」と子どもが感じるような、教師の「自然さ・本心のまま（authenticity）」の姿勢にあります。

　こうした感覚は、1章の「『臨床』について」や「感性と自己対峙」で述べたとおりです。つまり、マニュアルや効率を求める姿勢ではなく、教師が目の前の子どもといて実感したことを大切にし、また子どもが何を感じているかに焦点を当てる姿勢が、学校臨床の基盤になるということです。

3-3 自己心理学とアセスメント

　コフートのいう「自己（self）」とは、「自分らしくあること」がベースになっており、

普段感じている自分という意味の「個人的な自己体験」と、自分の個性や性格を形づくる「人格システムとしての自己」とを、表裏一体にとらえようとしています。

　教師が子どもを理解する場合なら、「個人的な自己体験」としては、その時その場で、子どもがその子自身をどう体験しているのかに注目します。これは「自己感 (sense of self)」*17 とも呼ばれます。子どもが、活力があり生き生きとした状態にあるのか、沈んだ気分でやる気が出ないのか、あるいは、空虚な状態に陥らないよう無理してテンションをあげているのか等、その子の内面の「状態」に注目します。このように「個人的な自己体験」や「自己感」に教師が関心を持つことは、子どもへの共感性を高めます。

　「人格システムとしての自己」で注目するポイントは、子どもの自己肯定感（自尊感情）の揺れ具合とその回復力といった「自己調節」*18 のあり方です。どのような状況で子どもの自己の安定が崩れやすいのかを、これまでの生育歴や現在の人間関係をもとに評価（アセスメント）し、その子どもの自己の発達をより客観的にとらえていきます。

　例えば、ある子どもが、カッとすると他人に手が出やすいなら、「どのような状況」で怒りが生じるのか、その背景に「どのような自己の傷つき」がありそうか、腹立ちや手が出ることを、子ども自身は「どう思っているか」などを把握することが、その子の「人格システムとしての自己」を理解することになります。また、家庭や学校以外の人間関係のあり方や、以前からカッとする傾向があったのか、また過去に似た出来事があったのか、といった生育歴について、保護者や関係者から話を聴くことも必要です。それらを総合して、この子どもの「自己」の揺れ方や回復の仕方のひな型をイメージし、これからの対応の土台にしていきます。

3-4　自己対象体験の大切さ

　ここまでの節で述べたように、コフートは、自己の成長には周囲が自己を支えるようにかかわることが鍵となり、そうした自己支持的な対象を「自己対象」と呼びました。その時々の状況に応じて、人は様々な自己対象を必要としており、それを「自己対象欲求」と呼んでいます。図5を使いながら説明をしていきます。

＊17　2-2の図3も参照。

＊18　2-2を参照。

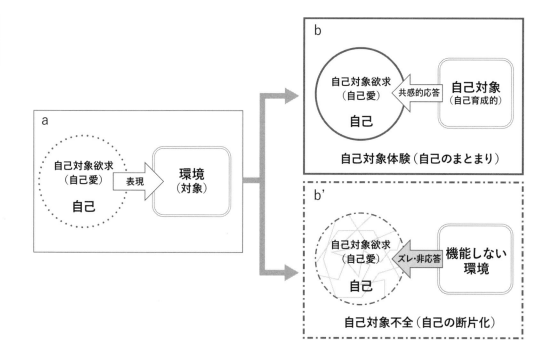

図5　体験世界のモデル：自己対象体験と自己対象不全

　まず、図の左側の a の枠内のように、子どもが自分を見てほしいという自己対象欲求[19]（自己愛）を、周りの環境（対象）に向かって、言葉や行動として示します。

　それを受け取った環境（対象）が、右上の b のように、しっかりと関心を示すなど共感的な応答を子どもに返すなら、その子の自己は「ちゃんと見てもらえて嬉しい」と生き生きとした自分を感じる、つまりプラスの「個人的な自己体験」を味わうことになります。こうした自己を活性化し、「人格システムとしての自己」にまとまりや連続性を与えるような体験を、コフートは「自己対象体験」と呼んで、とても重視しました。環境（対象）は自己を育成するような「自己対象」として働いたといえます。また、子どもの体験世界そのものが安定しています（図の b では、自己も体験世界も太い実線で示しています）。

　しかし、右下の b' のように、子どもの自己に対して、環境がズレたり、応答しない場合（機能しない環境）は、自己は不確かさを抱えたままになり、成長が困難になります。

＊19　自己対象欲求の種類については、3-8 で述べます。

こうした関係体験を「自己対象不全」とコフートは呼びました。自己を含めた体験世界そのものが不安定（図のb'では、自己も体験世界も点線）になっています。自己対象不全が続くと、子どもの自己は、まとまりや連続性を失うことになり、人格システムとして脆弱になります。それをコフートは「自己の断片化」と呼び、様々な心の病や問題行動の原因となる自己の傷つきととらえました。これは大人であっても同様です。

　平均的に期待される通常の環境であっても、人は生きていく中で、自己対象体験を味わうこともあれば、様々な自己対象不全にも遭遇します。つまり、プラス・マイナス両方の体験があるのは普通のことです。子どもにとって大切なことは、周囲でかかわる大人が、その子の状態をわかろうとし、断片化した自己を修復する機会を、子どもに提供しようとすることです。

　自己対象不全とは、齋藤（2007/2017）の言葉を借りれば、「自然さ・本心のまま（authenticity）」のかかわり合いができない状態に置かれることを指しています。それゆえ、こうした自己の傷つきに対して、人は激しい怒りの反応を引き起こします。リヒテンバーグ（Lichtenberg, 1989；Lichtenberg et al., 1996）はそれを嫌悪性（aversion）と呼び、こうした反応は、内に引きこもったり、敵意として外に向かうと述べています。具体的に見ると、前者は不登校といった非社会的な問題行動につながる可能性がありますし、後者は非行などの反社会的な問題行動につながる可能性があります。

　子どもにとって誰（何）が自己対象かは、その時々の状況に応じて刻一刻と変化し、家庭であれば保護者や他の家族、学校なら教師や友人あるいは先輩・後輩等がその役割を担う可能性があります。さらにはペットなど、人間以外の対象の場合もあります。また、成長とともに、趣味や芸術といった好みの活動から得られる体験や、目標を持った学業や仕事に従事する体験からも自己を支えられるようになり、自己対象体験は拡がる可能性があります。

　要約すると、自己対象とは自己を活気づける何かであり、それゆえ、成長促進的な働きを持つというのが本来の定義です。しかしながら、適応的でない破壊的な自己対象もありえます。例えば、薬物依存や非行・犯罪といった行動の中に、自己対象的な作用（自己に活力を与え、かりそめの生きている実感が得られる）を求める場合があります（Lichtenberg et al., 1996）。子どもが自己を維持し守るために、自己対象体験をどのように得ようとしているのかを知ることは、様々な問題行動を理解する際の鍵になるといえます。

3-5 成長のモチベーション：動機づけシステム

　前節でも触れたリヒテンバーグは、自己心理学を基盤にしながら、乳幼児研究と大人の心理療法の両面を視野に入れ、人には生まれつきどのような動機づけ（モチベーション）があり、それらがどう発達するのかを研究しました。3-3で「人格システムとしての自己」について述べましたが、この動機づけシステム理論（motivational systems theory）は、それをより細やかに見ようとするものです。

　表3に示すように、動機づけは複数あります。個々のシステムとは、ある動機づけ（欲求）について、その人の心の中で安定を求める働き、つまり「自己調節」のあり方を指しています。もちろん、自己の中で完結しないことも多いので、自己（子ども）は環境（保護者など）に働きかけることになり、様々な「関係調節」[20]の影響を受けながら、各システムは発達したり、停滞したりすることになります。実際の生活の中では、様々な「感情体験」として、私たちは動機づけシステムに基づく心の動きを味わっています。シンプルに考えると、欲求が満足すればプラス（快）の感情を味わい、欲求が満たされないとマイナス（不快）の感情を味わいます。満足できれば自己は活性化しますが、不満足が続けば自己は活力を失います。子どもの感情に注目することが、内面の動機づけを理解するはじめの一歩になります。

表3　リヒテンバーグの「動機づけシステム」とそれに関連する感情

① 生理的要請に対する心的調節の欲求（体のリズム感、制御感、安定感など）

② 個人への愛着の欲求（好意、誇り、安心感など）

③ 集団への親和性の欲求（所属感、一体感など）

④ 養育の欲求（有用感、幸福感など）

⑤ 探索と好み・能力の主張の欲求（達成感、効力感、満足感など）

⑥ 身体感覚的快と性的興奮への欲求（接触感、緩和感、性的満足感など）

⑦ 嫌悪性の欲求（怒り、恐れ、不安、恥、罪悪感、羨望・嫉妬、無力感など）

リヒテンバーグは、当初は5つの動機づけを考えていましたが、後に7つに増やしました (Lichtenberg et al., 2011)。一つひとつの動機づけは独立していますが、システム間で影響し合うこともあります。人にはこうした複数の生まれつきの動機づけがあり、それらが環境とかかわり合い、どのように発達していくのかによって、その人の「人格システムとしての自己」が形づくられます。実際の場面では、子どもがどのような感情体験をしているのかに注目することが、その子どもの動機づけを理解する手がかりになります。

学校臨床としては、子どもが保護者とのかかわり合いや、教師や友だちをはじめ様々な他者とのかかわり合いを通じて、どの動機づけシステムがうまく働き、どのシステムがその子の弱点なのかを確認しながら、子ども理解を進めていくことになります。はじめは複雑で使いづらく感じるでしょうが、いくつかの視点があることを心にとめられるようになると、普段から子どもを多面的に理解する際のチェックポイントになります。

次に、具体的に①〜⑦の各システムの概要を見ることにします。

①生理的要請に対する心的調節の欲求

　　心と体のバランスといえ、様々な「身体の働き」を自分のものとして統合したい動機づけ・欲求です。誰しも生きていれば、食事や水分補給、排泄、呼吸、体温、触覚および固有受容的活動 (体のバランスや動きの内部的な知覚)、睡眠と覚醒といった、様々な生理的な要請が生じます。それらを自分の意思で扱い、自分に馴染んだものにしていくことは、心身を一つにまとめていくことになります。幼い子どもほど、こうした生理的な要請の自己調節は難しく、大人が関係の中で応えたり、補ったりしています (関係調節)。通常の発達では、関係調節から次第に自己調節できるようになることが期待されます。

②個人への愛着の欲求

　　安心できる他者 (個人) を必要とし、共にありたいという欲求で、人間関係の基本になる欲求といえます。次の③に関連しています。

③集団への親和性の欲求

　　様々な集団 (家族、学級、クラブ等) に協同参加しようとする親和欲求[21]です。リヒテンバーグは、後で述べる自己心理学の基本概念である「鏡映」「理想化」「双子」

---

*20　自己調節と関係調節については2-2を参照。

といった自己対象欲求も、これら②や③の中に含めています。

④養育の欲求

　　普通に考えると「保護者が子どもを育てたい」欲求になりますが、保護者に限定されていません。例えば、子どもがペットを大事に育てることや、幼子が大人を気遣うことも含まれます。生物学的に親でなくても、何かを育てたい、面倒を見たいという欲求を人は生まれつき持っています[22]。

⑤探索と好み・能力の主張の欲求

　　幼い子ども時代であれば、知らないことを探索したり、自分の好きなことをやってみたいという欲求です。つまり、好奇心や遊びたい欲求といえます。こうした欲求は、成長とともに学習意欲や仕事への関心に拡大していきます。自分が得意なことやしたいことが見つかると、それを手がかりにさらに創造的な活動へと動機づけられます。悩みの相談も、一つの探索への欲求といえます。

⑥身体感覚的快と性的興奮への欲求

　　2つの面があり、1つは、抱っこされたり、あやしてもらうなど、身体接触による沈静化やくつろぎへの欲求です。そして、もう1つは、そうした身体接触から性的な興奮に向かう、いわゆる性欲です。これら2つは重なっている面と区別される面があります。

⑦嫌悪性の欲求

　　①〜⑥とは異なりネガティブな性質が前面に出る欲求です。自分にベクトルが向く「引きこもり」と、他者にベクトルが向く「敵意」があり、様々な嫌悪する欲求がここに含まれます。これらはいわゆる攻撃性といえますが、自己心理学では、あくまでも自分を守ろうとする欲求ととらえ、反応的で二次的なものと見ています。そのことを表すために、攻撃性ではなく「嫌悪性」と呼んでいます。

＊21　表3の②と③は、以前は一つの分類になっていましたが、その後別々に扱われるようになりました。③は、発達的に②より後の時期にあると考えられていましたが、乳児は二者関係だけでなく、三項関係といえる集団としての家族も認知していることが乳児研究で示されたため、そうした知見を反映して独立したシステムに変更されました。

＊22　つまり、年齢や性別を問わず普遍化できる動機づけといえ、このシステムも後で付け加えられました。

3-6 動機づけシステムを用いた具体例

　では、こうした動機づけシステムを、子どもの心に当てはめて、具体的に考えてみましょう。次の短い架空事例を見てください。

　　幼い頃から喘息があり、現在、父親が単身赴任で、母親と兄と3人で暮らしている小学校5年生の女児がいます。4年生までは活発でしたが、5年生になって担任が男性教師となり、クラス替えで級友も変わったからか、急におとなしくなり、心細そうな表情を見せるようになりました。1学期の連休明けから、喘息の発作が家でよく起こり、学校を休む日も増えてきました。友だちは4年生の頃より減りましたが、仲の良い友だちは一人おり、その影響でハムスターを飼いだしたそうです。

　ここでこの女児の自己を、動機づけシステムを使って考えてみます。①「生理的要請に対する心的調節の欲求」では、喘息が幼児期からあり、5年生になって発作が頻繁になったとあります。身体がうまく調節できない面がこの女児にはありそうで、それが他のシステムとどう関連していそうか、喘息以外も含めて注意したいところです。

　②「個人への愛着の欲求」では、母親との関係性がまだ明らかになっていないので、母親がこの女児の自己対象としてどのように働いているのかを確認する必要があります。父親は単身赴任で、この女児はそのことをどのように受けとめているのでしょうか。保護者（この事例では両親）との生育歴を通した関係性は、子どもを理解する上で大事なポイントになります。父親と関連して押さえたいのは、担任が男性教師になったことです。この女児は年齢的に前思春期に入っています。つまり、第二次性徴による身体の変化が始まり、⑥「身体感覚的快と性的興奮への欲求」と関連しているかもしれません。また、兄がおり、どのような兄妹関係で、それがこの子の異性関係にどう影響しているかも視野に入れたいところです。性に関することは、身体の調節という意味で先の①と影響し合っている可能性があります。つまり、「自分の体がうまく扱えない」というテーマです。

　③「集団への親和性の欲求」では、5年生になって学級でおとなしくなったとあり、孤独感を感じているのかもしれません。孤独感は思春期のテーマですが、同時に学級内の人間関係で、いじめ等のトラブルはないかの確認もいるでしょう。友だちは減ったよ

うですが、一人仲の良い子がいるのは大切な情報です。これは②「個人への愛着の欲求」にもつながります。⑤「探索と好み・能力の主張の欲求」は、今の状況からすると減少していそうですが、この友だちといる時は、楽しむ、遊ぶといったことができているかもしれません。また、学力やその他の能力の現状とこれまでとの変化も確かめる必要があります。

　友だちの影響から、④「養育の欲求」がハムスターを飼うエピソードに表れており、これは「育む」という意味で、自己の回復につながる要素なのかもしれません。⑦「嫌悪性の欲求」では、この女児は、不満や不調が外にではなく、自己の内に向かいやすいようで、それが身体の不調や不登校傾向につながっていそうです。「怒り」の反応は、誰にとっても自己に統合するのは難しいですが、女児の①〜⑥の満たされなさと合わせて考えていくことで、よりこの女児に共感していけるでしょう。

　以上のように、①〜⑦のシステムは一つひとつが、子ども理解の視点になります。と同時に、それらは相互に関連している可能性があり、不調を示しやすい動機づけシステムもあれば、回復の拠り所になりそうなシステムもあります。①で見た「喘息」という体の不調は、それ自体が主要因でもありえますし、反対に他の②や③の不調と連動して悪化しているのかもしれません。また、⑥の思春期的な体の変化と関連している可能性もあります。

　原因を一つに決めつけるのではなくて、この例なら小学校5年生の女児の様々な体験を想像し、これからのかかわりにつなげていきたいところです。「〜かもしれない」という視点をたくさん持てることが、細やかな子ども理解の可能性を高めます。

3-7　共感：「探索としての共感」と「わかり合いとしての共感」

　「自分らしく、生き生きしている」というように、子どもの自己が活性化するには、保護者、教師、カウンセラーといったかかわり手が、自己対象の役割を担うことが必要です。それゆえコフートは、かかわり手の「共感（empathy）」をとても重視しました。一般に共感とは、相手の気持ちを感じて、自分も同じような気持ちになることです。ここでは、もう少し詳しく検討するため、「探索としての共感」と「わかり合いとしての共感」に分けてみます。

(1) 探索としての共感

　まず「探索としての共感」です。これは、相手の状態を感じ取るといった、かかわり手の心の働きを表しています。相手の状態に波長を合わせつつ、時に直観的に、また時に経験に照らし合わせながら、相手の立場を想像してその内面を理解する働きです。コフートは、これを「代理内省 (vicarious introspection)」と呼びました。相手の立場になってみて、代わりに内面を想像するということです。しかし、教師の子どもへの共感は重要ですが、簡単に共感できない場合も現実にはあります。また、教師が相手に共感したと思っていても、子どもや保護者が「共感された」と感じていなければ、それは単なる同情で教師の自己満足かもしれません。

　その場で共感できたかどうかにこだわるのでなく、かかわり手が関係の中で自分の体験をふり返ることで、次第に相手の思いが理解されていく「とらえ直しとしての共感的理解」が生じることもあります（角田，1995，1998）。教師であれば、子どもとかかわる中で自分が味わった様々な体験をふり返り、2人の間でどのような相互作用が起こっているのかを省察することで、子どもの理解も深まるということです。

　例えば、余計なことをしてよく叱られる子どもと接しているなら、「また、こんなことをして」という教師の苛立ちは、マイナスの形ですが子どもに関心を向けることになっているのかもしれません。自分を見てほしいという思い（自己対象欲求）を、こういう形で子どもが表していると気づくなら、子どもが抱えてきた、自分を見てもらえていない辛さや怒りに、教師は共感できるようになるかもしれません。つまり、教師が感じていた苛立ちは、子どもがこれまでに経験していた苛立ちとよく似ており、知らない間に2人が苛立ちを共有していた、と理解できるかもしれません。これは、次のわかり合いとしての共感につながっています。

(2) わかり合いとしての共感

　コフート以後の自己心理学者にバコール (Bacal, 1998) という精神分析家がいます。彼は、カウンセリングや心理療法の場面では、クライエントだけが自己対象欲求を持つのではなく、カウンセラーも様々な自己対象欲求を持って治療場面に臨んでおり、クライエントの言動によって、カウンセラー自身もその場で自己対象体験や逆の自己対象不全を味わうことを指摘しました。バコールの指摘は、言われてみればもっともなことです。カウンセラーであれ教師であれ、相手と接していれば、様々な思いを抱き、感情が動くのは当然です。

　そうした双方向性を踏まえて、彼は「至適な応答性 (optimal responsiveness)」という考

え方を提唱しました。これは、自己対象体験が満たされるような本来的なかかわり合いでは、どちらか一方だけではなく、お互いが相手の反応を通じて自己対象体験を味わっており、そうした関係性[*23]が成立することこそが「治療作用として根本的な意味を持つ」という考え方です（安村，2016）。

　この「至適な応答性」を共感に関連づけてみましょう。教師と子どもなら、2人はかかわり合いを通して、わかり合える瞬間を体験することがあります。2人の心が共鳴し合って何かを共有した感覚、つまり「間主観的な意識」[*24]が生まれるということです。それは2人がまったく融合してしまうのではなく、各々の個別性も維持している状態です。先の「探索としての共感」はかかわり手（教師）の心の働きに焦点を当てていましたが、こうした「わかり合いとしての共感」は関係性（教師と子どもの両方）に焦点が当たっています。

　2章のコルトハーヘンの言葉を借りれば、小文字の理論（その子どもの成長に何が必要で、教師として自分は何ができるか）を中心に据えてその場にいることで、こうしたわかり合えた瞬間をしっかり受けとめられるといえそうです。「一般論としてどうか」や「教師としてどうあるべきか」といった大文字の理論や、学校教育の慣習が教師の中で優先していると、そもそもこうしたわかり合いが起こりにくく、起こっても見過ごしやすいだろうと思います。

　「至適な応答性」が生じる場では、子どもに自己対象体験が生じているのと同時に、教師の側にも、子どもの言動に手応えを感じたり、新たなその子の一面を発見して嬉しかったりというように、自己対象体験が生じています。2人はお互いについて思いを分かち合いながら、同時に各々が自分らしくそこにいられる状態といえ、カウンセラーにとっても教師にとっても、こうした関係性は一つの目標といえると思います。

　以上をまとめると、「探索としての共感」は教師の共感性を指しており、1-5の「感性と自己対峙」に共通した、教師の学校臨床力として求められる能力といえます。一方、「わかり合いとしての共感」は、教師と子どもがかかわり合った成果が、2人に体験された状態といえるでしょう。

＊23　言葉を足して「至適な相互応答性」と呼ぶほうが、中身をよく表しているかもしれません。
＊24　4-4も参照。

3-8 教師が自己対象として働く

　子どもの成長に必要な自己対象体験には、様々なものが考えられています。まず、コフートがはじめに考えた「鏡映」「理想化」「双子」[25]という3つの自己対象欲求とその体験があります。そこに「対立」と「効力」[26]という自らの視点を加えたウルフ (Wolf, 1988) の分類を表4に示し、教師がどのように自己対象として機能できるかを、順番に検討していくことにします。

表4　ウルフによる自己対象欲求 (Wolf, 1988)

```
① 鏡映（自己対象）欲求
② 理想化（自己対象）欲求
③ 双子（自己対象）欲求
④ 対立（自己対象）欲求
⑤ 効力（自己対象）欲求
```

(1) 鏡映（自己対象）欲求

　鏡映欲求とは、子どもが自分のことを認めてもらいたいという欲求で、コフートは次の理想化欲求とともに、最も基本的な自己対象欲求と考えました。人は、自分の存在、思いや気持ち、能力、魅力といった、個性や自己を形づくる「あるがままの要素」を、他者に認め、受けとめ、応答してもらう必要があります。発達の時期に応じて、他者から応答してもらう（鏡映体験が得られる）ことで、個々の要素が自己に統合され、子ども

---

[25]　動機づけシステムから見ると、これら3つの自己対象欲求は、表3の②「個人への愛着の欲求」に含まれます。

[26]　3-5の動機づけシステムから見ると、対立欲求は、表3の②「個人への愛着の欲求」、⑤「探索と好み・能力の主張の欲求」、また⑦「嫌悪性の欲求」に関連します。効力欲求は、⑤「探索と好み・能力の主張の欲求」に含まれます。

に活力や自信が生まれます。しかし、情緒的な応答が不十分であったり、その思いが否定・無視されると、子どもの自己は断片化し、自己肯定感や自尊感情を維持しにくくなります。

　学校では、子どもたちの様々な鏡映欲求に教師は日々出会っています。例えば、授業場面で教師が子どもたちに問いかけている状況を考えてみましょう。教師による発問は日常的な場面ですが、それは同時に子どもたちの鏡映欲求が発露する場でもあります。教師とのやり取りを通じて、子どもが「わかった」「面白い」と感じられれば、主体的に学ぼうと意欲が高まり、後の自己効力感にもつながります。また、教師に認められたことで自分に誇りを感じたり、クラスの中で肯定的に評価されることで有能感を抱くことにもなります。反対に、失敗体験がフォローされず自己対象不全のまま終わることが積み重なれば、学習の効力感が得られないだけでなく、「何をやってもダメだ」「わかってもらえない」さらに「自分などいないほうがいい」といった自己肯定感の低下につながります。

　特別活動や休み時間など、子どもがとる行動には「注目してほしい」「理解してほしい」という鏡映欲求が含まれやすく、教師は子どもの自己対象の役割を担うことが多いといえます。

　現実の教師を考えれば、子どもの気持ちが明瞭であればその思いも受けとめやすいですが、反抗的であったり拒否的であれば、教師も注意や叱責で応じやすくなり、背景にある鏡映欲求が見えにくい場合もあるでしょう。子どもの思いに触れないまま一方的な叱責に終わるなら、それは子どもにとっては自己対象不全となるかもしれません。後述の7章のエピソードでは、そうした場面が示されています。

　問題行動を示す子どもの理解を進めていく際には、その子どもの鏡映欲求の質がどのような発達水準にあるのかを見立て、家庭や学校でこれまで誰がどのようにそれに応えてきたのか・いないのかを理解することが大切です。

(2) 理想化 (自己対象) 欲求

　理想化欲求とは、自分以外の存在 (学校なら教師) に守られ、そこに近づきたいという欲求です。子どもの自己を維持する力の源泉は、鏡映欲求で見たような子ども自身の側だけではなく、自己対象の役割を担う教師の側にもあり、そうした教師と共にあることで、子どもは落ち着き、安心することができます。ここでいう理想化とは、防衛的な性質を強調したものではなく、安心でき将来の目標やモデルとなるような成長促進的なものを指しています。

人は発達の初期に限らず、過剰な興奮や不快な状態に陥ることがありますが、それは自己対象として働く他者からの共感的な反応によって、安らぎや落ち着きへと調節されうるといえます。それがはっきり示されるのが、乳児と保護者の関係です。例えば、空腹という乳児の不調な状態が、保護者によって的確にキャッチされ対応されれば、乳児の自己は生理的また心理的に調節されることになります。そういう経験が、その後の調節可能性の期待を乳児に与えます。つまり、理想化体験が生起することによって、周囲に対して乳児が抱く「信頼感」が確固としたものになっていきます。こうした関係性は、乳児期に限定されたものではなく、その後の対人関係の基盤になります。

幼児期、児童期と成長が進めば、教師やその他の重要な他者が、理想化体験を提供する機会が増えます。キャリア教育・進路指導に関連させてみると、小学校であれば、子どもの安心感や落ち着きにつながる働きが、まず教師に求められるといえ、その上で将来に希望や夢を持てることが子どもには大切です。中学や高校になると、現実的に将来への見通しを立てたり、自省する能力が発達し、子ども自身が将来を具体的に考える機会が増えます。教師としては、進路選択の幅を拡げるような提案や、生徒の持つ可能性を見いだす等を通じて、より具体的な導き手として働く機会が増します。

こうしたかかわりは、キャリア教育・進路指導として行われることもありますが、進路以外の悩みや生徒指導上の問題が主となるやり取りの中でも行われます。例えば、不登校の生徒宅への家庭訪問を通じて、技術の工作を少しずつ家庭で制作した事例（角田, 1999）では、子どもと教師との間で、信頼関係を育みながら、子どもの自己形成の作業が工作の場を通して行われていきました。また、不登校の保護者への対応にも同様の側面があり、恩庄（2015）は、教師が保護者と協働するためのツールとして「学校を休みはじめた・休みがちな子どもの対応ヒントメニュー集」を作成し、「教師が自分と共に歩んでくれる」と保護者が実感できるような工夫をしています。この取り組みは、保護者が教師に対して理想化自己対象体験を経験できる機会をつくる試みといえます。

(3) 双子（自己対象）欲求

双子欲求とは、人が「他者と同質の存在である」と感じたり、「人に囲まれて自分は生きている」と感じたい欲求です。学校場面であれば、友人関係で双子体験を味わう場合がありますが、年代や性別を超えた人間関係でも、双子体験は起こります。いじめ問題の深刻さとは、いじめを受けた子どもの双子欲求が、周囲から否定・無視されることで、「人の中にいる」という自己感が打ち砕かれてしまうことにあり、その結果、自己肯定感（自尊感情）が急激に低下してしまいます。

　教師の自己対象機能として見ると、「生徒指導の3機能」(坂本, 1999)の一つである「人間的ふれあいを基盤にすること」が参考になります。ここでは生徒指導が「共感」に基づくとされ、指導する側・される側という一方向的なかかわりでは共感は生まれず、自己開示を通して人となりが伝わるような教師の応答性が重視されています。子どもが示す欠点や人間的な弱さを、教師が自分自身の中に見いだすことを通して、言い換えますと、教師が子どもの行動を自分のあり方と関係づけて応答することで、双方向なかかわり合いが生じます。つまり、教師が子どもとの共通性を見いだすとともに、子どももそうした教師に共通性を感じ取り、その瞬間に両者にもたらされる感情体験が、坂本が述べる共感となります。これは「わかり合いとしての共感」にあたります。

(4) 対立 (自己対象) 欲求

　対立欲求とは、自己対象となる他者からの支持的な応答性を完全に失うことなく、しかし、その他者に自己主張をして、立ち向かいたいという欲求です。もともとは幼児期や思春期に見られる反抗期の自己主張や、同性の親に張り合うエディプス的なチャレンジ精神を指しており、子どもが大人から「手応え」を感じたい欲求といえます。

　先の鏡映欲求の終わりで見たような、子どもが反抗的な言動を示す場合を取り上げてみましょう。具体例として次の2つがあげられます。

①自分でどこまでやれるのかを見きわめたい、という子どものストレートな思いが、教師との関係で表出される場合。
②どこまで自分にかかわり続けてくれるのか、いつか教師は自分を見離すのではないか、と恐れと信頼への希望が入り交じりながら、子どもが教師を「試す」場合。

　①に比べて②の試し続ける子どもの場合、その内面には深い傷つきがあると考えられます。①の場合は、動機づけシステムの「個人への愛着の欲求」は教師に対して安定しつつ、「探索と好み・能力の主張の欲求」が表面化した行動といえます。それに対して②の場合は、「個人への愛着の欲求」が不確かで他者に信頼が寄せにくく、それゆえ「嫌悪性の欲求」と連動しているといえるでしょう。

　こうした②の「試す」関係が長期化すると、教師自身が相手に強く巻き込まれ、心身を疲弊させることがあります。そうした場合には、教師一人ではなくチーム・組織で子どもの「手応え」になることが必要です。また、学校組織が動くことで、疲れた教師にとっての自己対象の働き（教師間の同僚性・協働性やスクールカウンセラー等の協力）になる

ことも重要です。

(5) 効力（自己対象）欲求

　効力欲求とは、自分が周囲に強い効果を及ぼし、必要な自己対象体験を自分で引き起こしたいという欲求です。子どもが真剣に遊びに集中したり、成長して学習や仕事などに打ち込む場合がそれにあたります。つまり、自分が環境に効果的な影響を及ぼすことのできる発動者（agent）であるという感覚で、体験としては「自己効力感」になります。この欲求は、動機づけシステムの「探索と好み・能力の主張の欲求」に関連しています。

　教師としては、鏡映欲求の授業場面の例で見たように、子どもの学習意欲を高められるようなかかわりが、自己対象として働くことになります。教育活動における「教える」ことの中心的な役割とは、教科にかかわらず、こうした効力体験の機会をつくり出すことにあり、それが、鏡映や理想化や双子といったその他の自己対象体験とも連動しながら、子どもの主体的な意欲・やる気を育てることになります。

　以上のように、自己対象欲求・体験は、重なり合う場合もあれば、一つの自己対象体験が際立つこともあります。

　子どもがその時々に抱く自己対象欲求を、教師が少しでも理解することができれば、教師の応答・かかわりがより的確になることが期待できます。教師が返す一つひとつの応答が、子どもの自己体験・自己感に影響を与え、人格システムとしての自己を強化もすれば、脆弱なものにもします。

　教師が自己対象として働くとは、子どもの成長に寄与するような「教師の応答性」を提供することです。しかし、子どもの自己対象欲求を「完璧に」理解して応答することは不可能です。だからこそ、子どもの「自己対象不全」に注意を配り、絆に生じた断絶（ズレ）に、教師の感性を向けることが学校臨床力として大切になります。

4章

省察に必要な視点2

かかわり合いと間主観性

4-1 かかわり合いと省察

　ここまで、学校臨床力の実際とその向上に、教師と子どもとの「かかわり合い (relatedness)」に注目することがいかに大切かを、様々な角度から検討してきました。「かかわり合い」とは、人と人との相互交流・関係性を指しています。教師と子どもとのかかわり合いはとても複雑で、教師が十分に意識していない様々な情報が含まれています。それゆえ、省察的実践者である教師は、自分の「実践知を生む省察力」が子どもの成長にどう役立っているのか・いないのかを、「ふり返りとしての省察」によってとらえ直し、かかわり合いへの感性を磨くことが求められます。それが学校臨床力の向上につながります。

　教師が実際に何をふり返って省察するのかを2-2で検討しましたが、①教師の「自己調節」、②子どもの「自己調節」、③2人の「関係調節」という3つのポイントがありました。①は自分の主観を客観化し、②は子どもの内面を想像し、そして③は2人のかかわり合いの質を俯瞰して見直そう、というものです。教師が子どもに指導・支援をするので、まず②の子ども理解に目がいくのは当然ですが、①の自己理解や③の関係性の理解もこれからの対応を考える上で重要です。特に③の「関係調節」は、かかわり合いの中身そのものといえます。

4-2 かかわり合いと関係調節・情動調律

　発達心理学と臨床心理学の両方に造詣が深い齋藤 (1998/2017) は、人には「対象希求性」(Fairbairn, 1952) と呼ばれる、生得的で根本的な動機づけがあり、それはかかわり合うことそれ自体を目的とした、「呼べば応える」関係への期待だと述べています。これは、3章で検討した自己対象欲求に共通した見方といえ、あらゆる年代で人が生きるために必要な動機づけ・欲求といえます。

　齋藤は、さらにスターン (Stern, 1985) の乳児研究の見解を援用しながら、「共に在る (being with)」[*27] ことを人がなぜ求めるかについて論じています。人の子どもには、生物学的基盤としての「自己調節システム」は備わっていますが、他の動物に比べると「自己調節」は「関係調節」に大きく依拠しており、外からの刺激や内側からの興奮など、過剰な負担によって崩れた心身のバランスの回復には、養育者とのかかわり合いが必要とされます。自己調節と関係調節は切っても切れないつながりがあり、「……好ましい『関係調節』が結果として成り立つと、それは同時に、かかわり合っている当事者個人のなかで『自己調節』が成功をおさめる」(齋藤, 1998/2017, 著作集p.284) ことになります。

　スターンは、乳児を対象に研究を行い、養育者と乳児の非言語的な感情交流に注目しました。そこで明らかにされたのが「情動調律 (affect attunement)」です。養育者だけでなく、乳児も相手の感情状態を感じると、それを照らし返す反応が自己内で起こりますが、これは生得的に準備されたシステムで、2人の間で「合わせることと合わせてもらうこと (いわゆるノリ)」が瞬間的に相互反転して共有され、こうした交流体験によって「共に在る」ことが当事者に実感されます。

　情動調律の特徴は、喜びや悲しみといった「感情の種類」ではなく、だんだん強まる・弱まるといった感情の強弱・リズム・テンポなどの「感情の勾配」を共有すること (森, 2010) にあります。発達的に感情の種類を分化してとらえられるようになる前から、乳児は、感情の勾配への認知能力を生得的に持ち、また体感的にそれを感受することができます。こうした感情の次元は「生気情動 (vitality affects)」と呼ばれ、大人同士の感情交流にも含まれますし、教師と子どものやり取りでも情動調律が生じています。

＊27　3-4と3-5で紹介したリヒテンバーグ (Lichtenberg et al., 1996) も「他者と共にある自己感」として重視しています。

　情動調律が起こる際、当事者にはそれが意識されないこともあり、非意識的、非言語的、自動的なプロセスとして起こるといえます。それは発達早期から毎日のように、乳児と養育者との間で体験され続け、それゆえ「知らず知らずのうちにそれが子ども自身の個性的な関係様式の基型」（齋藤，1998/2017，著作集p.277）になります。つまり、ある子どもが、養育者とのかかわり合いの中で体験したことを意味づける基本パターン[*28]になっていきます。先に述べた関係調節においても、まずはこうした情動調律の形式でやり取りが行われていきます。

　「自然さ・本心のまま（authenticity）」のかかわり合いが成立する時、「共に在る」実感が得られ、関係調節と自己調節が無理なく行われることになります。その反面、現実には、調律の過不足や偏りや歪みなど、関係調節がうまくいかないこともあり、それは自己調節の機能不全につながります。こうしたことが繰り返されると、人格システムとしての自己は脆弱なものになってしまいます。これは、3-3で人格システムとして、自己の成長を検討したとおりです。

　教師と子どもとの間でもこうした情動調律が起こる機会は、学校生活の中で数多くあります。つまり、言語による交流や特定の感情の交流という側面の他に、非意識的な関係調節が実際には起こっており、それが好ましい方向で成立した場合には、子どもの自己調節も良い方向に変化して、やる気が出るといった自己感の向上につながります。後述の6章の事例はその様子を示しています。

4-3　間主観性

　「間主観性（intersubjectivity）」という言葉は、こうしたかかわり合いの重要性を強調するために生まれた用語で、20世紀に入って哲学者フッサール（Husserl, E.）の現象学から展開しました（熊野，2002）。1-7で述べたように、2人が出会う対人場面[*29]では、各々が主観的な心の世界を持ってその場にかかわっています。そこでは双方の心が影響しあい、2人の心の世界（主観性）も変化していきます。こうした2人の間で生じる、刻一刻

---

*28　組織化原理（organizing principle）ともいいます。

*29　間主観性の研究は二者関係で行われるものが多いですが、間主観性は2名に限定されるものではなく、3名以上の場合も含まれます。

と変化する体験世界が「間主観性」です。教師と子どものかかわり合いも、まさに2人の主観性が交錯する間主観的な場面といえます。

　ビービーら (Beebe et al., 2005) は、乳幼児研究と大人の心理療法における様々な間主観性理論について概観しています。大まかに分けると、乳幼児研究では、前節で見たスターンの情動調律のように、注意、意図、感情といった2人の間の様々な「共有」や「一致」に焦点を合わせます。それに対して、大人の心理療法では、自分とは違う他者の心を知覚して「やり取りする」ことにポイントが置かれています。つまり、乳幼児研究者は、子どもと養育者の間で、お互いの心の状態が一致・調和・共有することがどのように起こり、それが愛着や社会性など情緒的な対人関係のあり方にどう影響していくのかに注目します。それに対して、大人の心理療法では、2人の一致・調和・共有は背景になり、むしろ2人の間で生じるズレや違いに接した際に、それを2人がどう扱い調節していくのかに注目します。

　乳幼児と大人の中間にいる児童生徒と接する教師にとって、こうした「2人がどう一致していくのか」と「ズレをいかに調節するのか」は、どちらも注目すべきポイントといえるでしょう。教師と子どもは、はじめは接点があまりなく、ズレのほうが大きい場合もあるでしょう。しかし、教師がかかわり合いを省察しながら、意図的また非意図的に工夫を重ねていくことで、お互いに影響し合うようになり、その中で子どもと一致し「思いを共有する」瞬間が生じることがあります。

　実際のかかわり合いの場面では、意識的・意図的で言語面が優位な「明示的 (explicit) なコミュニケーション」と、情動調律のような非意識的・非意図的で非言語面が優位な「暗示的 (implicit) なコミュニケーション」の両方が起こっています。その両面に注目[*30]することが、間主観性の理解には大切です。どちらかというと、先に見た大人の心理療法においては、言語的なやり取りを中心とした「明示的なコミュニケーション」が主に取り上げられます。それに対して、乳幼児研究においては、非言語的なやり取りが中心になる「暗示的なコミュニケーション」に焦点が当てられることが多いといえます。

　教師が子どもとのかかわり合いをふり返る際も、まずは言葉による「明示的なコミュニケーション」が思い出しやすいでしょう。しかし、言葉にはなっていない教師自身の内面の思いや態度、子どもの無言の表情や行動など、「暗示的なコミュニケーション」も次第に思い出されるかもしれません。あるいは、行動のほうが印象に残る場面もある

＊30　2-2、2-4も参照。

と思います。

　間主観性を理解するとは、2人の「関係調節」と個々の内面の動きである「自己調節」がどのように連動しているのかに、少しずつ気づいていくことだといえます。教師に限らず、相手とかかわり合っていれば、自分がその関係に様々な形で巻き込まれるのは当然で、そのため、かかわり手はどうしても偏った視点になりがちです。そうであるからこそ、人間関係とは、心（主観）と心（主観）との間で様々なコミュニケーションがなされる場（間主観的な場）であることを、改めて確認する必要があります。子どもの理解はとても大切ですが、相手の問題点だけを追求する子ども理解では、本当に何が起こっているのかに気づかないかもしれません。

　つまり、かかわり合いや間主観性を中心に据えないことには、対人的な営み（子育て、教育、支援、治療）について検討しようとしても、なかなかその本質が見えてこないということです。現場にいる時、私たちは、相手だけに原因を求めようとしたり、逆に自分だけを問題視するといった、一面的なものの見方に陥りやすいものです。しかし、間主観的な見方を持つことで、相手に巻き込まれつつも、少しでも脱中心化して関係全体をとらえられる (Jaenicke, 2008) 可能性が生まれます。新しい意味づけを持って関係に臨むことができれば、それまでの膠着した状態から、より良い教師−子ども間の関係調節につながる可能性が高まるといえます。

4-4　間主観的な意識と「橋渡し」の働き

　前節で、間主観的な立場の乳幼児研究者は、子どもと養育者の間で内面の一致・調和・共有がどのように起こり、それが愛着や社会性など情緒的な対人関係にどう影響するかに注目する、と述べました。様々な人間関係で、思いが共有されたり、反対になかなか思いが伝わらないといったことが起こります。教師と子どもとのかかわり合いでも、2人の間で思いが共有されることがあります。それはごく自然なことですが、そこには人が生きていく上での深い意味があります。

　情動調律で触れたスターン (Stern, 2004) は、多くの乳幼児研究者の知見から、①乳児は心を持って生まれてくる、②その心は、特に行動を通して現れる他者の心に調律される、という2点が合意されていると述べています。「乳児は、他者を自分と似ているが同一ではないものとしてとり扱い、予測を立てる。乳児は、他者について（あるいは他者と共にいることについて）、前象徴的な表象を作り上げる。乳児は、他者の心理状態に参

加することができる。──要するに、間主観性の早期の形は既に存在しているのである」（邦訳p.88）と述べています。彼はその一つの証左として、ミラーニューロンの働きをあげ、他者の行動を見た際の視覚情報は、私たちの脳内でそれに相当する運動表象に正確にマッピングされ、他者の感情を感じ取っているという感覚や、他者と何かを共有している感覚が生まれるとしています。

　乳幼児と養育者は、こうした相互的なプロセスの中で、お互いの心を読み合っています。その中でもスターンは、相手の「意図」の読みとりを特に重視しています。私たちは、意図を通して対人世界を見ており、意図により行動しています。また、人は他者の動機や意図を読みとるか推論することで、他者と共に活動することができます。「もしも他者の意図を推論できないか、あるいはそこまで他者に興味がないとしたら、その人は人間社会の外で生きていると言えよう。自閉症の人は、このような位置にいると推察されている」（邦訳p.89）と彼は自閉的な困難について触れています。

　通常の発達で期待される間主観的な基盤で重要なことは、子どもが「様々な気持ちを養育者と共有できる」ことを体験し、そのことを学習していくことにあります。つまり、スターンの言葉を借りれば、「間主観的な意識 (intersubjective consciousness)」がその場に生まれ、子どもは思いが他者と共有できることを学んでいきます。これは、齋藤が「自然さ・本心のまま」のかかわり合いが成立する時に、「共に在る」実感が得られる、と述べたことです。

　間主観的な意識とは「私はあなたのこういう気持ちがわかるし、あなたも私のこういう気持ちをわかってくれる。そして、2人がわかり合っていることを、私もあなたもわかっている」ということです。子どもの心の成長には、こうした「他人と共にある私」という自己感が大きな意味を持ちます。「こういう気持ち」と強調して述べましたが、どれくらい様々な気持ちがそこに含まれるのかは、個々の事例で大きな幅があるでしょう。

　教師が自閉的な発達特性がある子どもとのかかわり合いを通して、間主観的な意識を体験することは容易ではありません。しかし、1-8の「橋渡し」で検討したように、かかわり合いの中で、子ども、教師、そして教室なら他の子どもたちというように、当事者全員が成長することと並行して、間主観的な意識が生まれる可能性は高まるといえます。

　後藤（2002）が述べたように、出会って間もない頃の教師（保育者）は「自分だけが苦労している」「他の子どもたちが犠牲になっている」など障害のある子どものマイナス面に注意が向き、その子どもの生きる姿には目が向かわず、障害に振り回されてしまいがちです。しかし、障害のある子どもをクラスの一員として受け入れようと、教師も他の子

どもたちも悩み、様々に努力する中で「障害児の本当の姿に出会う瞬間」が生まれます。つまり、間主観的な意識が、当事者間に生まれることがあります。図6に、対象となる子どもが教室に居場所を感じられるようになってきた、そんなある日の教室の様子をイメージしてみます。

　図6をa、b、cの順に見ていきます。点線は各自の心の世界、つまり主観性です。

a

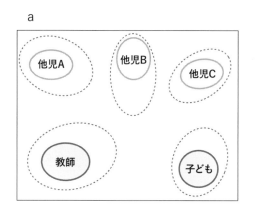

b

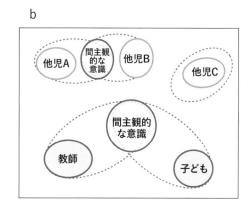

c

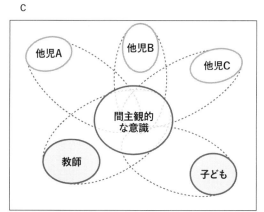

図6　間主観的な意識と橋渡し

　a：教室で教師や子どもたちが集まったところです。右下の「子ども」が対象となる子ども（例えば、自閉症がある子ども）とします。まだクラスとして何かが始まる前です。

　b：話し合い活動のように比較的フリーな場面だとします。教師は「子ども」とのかかわり合いの中で、何かを一緒に面白がるなど共有できる「間主観的な意識」が生じています。他の子どもたちの間でも他児Aと他児Bのように間主観的な意識

　　はあちこちに生じています。

　c：教師と「子ども」の関係に教師が他児を誘い入れたり、教師と他児とのかかわりに
　　　教師が「子ども」を巻き込んだり、「子ども」と他児との間を教師が通訳・翻訳し
　　　てつないだり、というように「橋渡し」をすることで、集団として間主観的な意識
　　　が生まれやすくなります。

　後藤は、そうした関係性が生まれることが大切であると述べています。このことは、
3-7で紹介した「至適な応答性（optimal responsiveness）」に共通しています。「至適な応答
性」を提唱したバコール（Bacal, 1998）は、本来的な自己対象体験が満たされるようなかか
かわり合いでは、どちらか一方だけではなく、お互いが相手の反応を通じて自己対象体
験を味わい、そうした関係性が成立することこそが「治療作用として根本的な意味を持
つ」と考えました。つまり、当事者の思いが共有される場になっているということは、
障害のある子どもの自己感が満たされて安定するだけではなく、教師の自己感も満たさ
れており、また、そこにかかわる他の子どもたちの自己感も各々満たされているという
ことです。

　こうした間主観的な見方は、自閉的な発達特性や障害のある子どもだけではなく、そ
れ以外の様々な問題行動を表す子どもとかかわり合う際にも当てはまるといえます。間
主観的な意識が生まれる場とは、何らかの問題のある子どもだけが成長するのではな
く、かかわり手である教師も成長し、クラス場面であれば他の子どもたちも同時に成長
するような状況になりえます。これは机上の理想論を述べているのではなくて、実際に
そういう瞬間が起こることがあります。本書の実践編の7章と8章の事例ではそのよう
な状況が示されています。

5章

事例検討の進め方

5-1 事例検討とは

　学校臨床力を高めるには、現場で子ども（保護者）とかかわり合った様々な体験について、教師はふり返って省察することが必要です。各々が個性を持った教師と子どもという、生きた2人のかかわり合い（間主観的な場）を検討するには、一つの事例を丹念に検討する個性記述的な研究方法（idiographic approach）が、最も適しています。一番素朴な個性記述法は、教師が子どもとのかかわり合いをふり返り、経過を文章にして検討することです。

　本書では、一番広い意味で「事例検討」という言葉を使っています。「事例検討」と「事例研究」はよく似ていますが、分野や人によって使い分けが様々になされています。また「ケース会議」という言葉もありますし、本書では「自己省察」「グループ省察会」という表現も使います。これらの用語について、図7のように整理することにします。

　もともと「事例検討」も「事例研究」も "case study" という英語の日本語訳で、「ある事例から学ぶ」という意味といえます。「研究」となると敷居が高いイメージを持つかもしれませんが、論文になっているかどうかにかかわらず、そもそも研究とは「問いを立てて、様々に模索すること」と筆者は考えています。したがって、本書では、より広い意味を持つ「事例検討」と、研究方法というニュアンスが前面に出る「事例研究」といった大まかな使い分けにとどめておこうと思います。図7に示すように、まず広い意味で「事例検討」があり、その中に「個人」で事例検討（研究）を行う場合と、学校現場や教師教育として「集団」で事例検討（研究）を行う場合との2つに分けることにします。

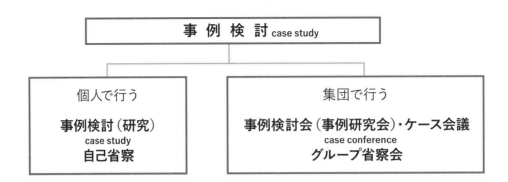

図7　事例検討と他の用語の関係

　個人で行う場合は、これからどうしていくかを考えるために、一番身近な子どもとの
かかわり合いについて、ふり返ってみる（自己省察する）ことになります。記述するとは、
かかわり合いの経過（流れ・プロセス）を、文章にしてみるということです。意識的・言
語的にふり返ることが、自分と子どもとのかかわり合いを客観化する第一歩になりま
す。そこから、以前と今とを比較することもあるでしょう。「事例検討」という言葉が
ぴったりくるなら、今まさに悩みながら「検討中」という感じかもしれません。そうし
た状態から、自分なりにつながりが生まれ、見えてくるものがあるなら、「事例研究」
という言葉がだんだんぴったりしてくるかもしれません。

　集団で行う場合は、"case conference" がもとの英語です。それまでの経過の客観化
を目的にする場合や、今後の方針を明確にする場合があります。

　「事例検討（研究）会」は、その事例で何が行われてきたのかを、報告者と参加者が意
味を見いだす作業といえます。学校現場であれば、学期末や年度末といった区切りの時
期に行うことで、子ども理解や教師のあり方、チーム・学年・学校組織のあり方、家庭
との関係、地域や他機関との連携など、学校臨床上の課題を明らかにしつつ、最終的に
は報告者の成長を目的にすることが大切でしょう。同時に、参加者である他の教師の学
びになるよう、かかわり合いの実際が伝わる事例検討会にしたいものです。

　「ケース会議」は、関係者が集まって、これからどう対応していくか、現状を整理し
て理解を共有し、今後の方針を立てることが目的です。校内の教職員で行う場合もあれ
ば、校外の機関・関係者が集まって行うこともあります。報告者あるいは学校として必
要だと判断するタイミングで行われるもので、虐待やいじめなど緊急性を要する場合も
あります。

　「グループ省察会」は、学生あるいは教師の教育・訓練のために事例検討会を行う場合です。報告者が他の参加者とのやり取りを通じて、一人で行う自己省察以上の理解や対応の視点を得ることが目的になります。大学院の授業や研修で行う場合（角田，2016a）や、学校現場で若手教員の育成のために行われる場合もあります（角田ら，2019）。

5-2　間主観的な観点から行う事例検討

　事例検討を行う際には、対象となる子どものプロフィール（生育歴や家庭環境などの情報）とともに、学校や園での生活の様子について、詳しい記録があることが望ましいといえます。この記録で大切なことは、子どもについての内容だけではなく、かかわり手である教師（保育者を含む）自身の体験も併せて記載することです。感想や思いだけを書いたり、客観的な事実と主観的な思いが混在したりすると、記録としての価値は下がってしまいます。しかし、教師がその場でどう感じ、何を考えたのか、といった生の主観はデータとしてとても貴重で、それがないとかかわり合いの実際は見えてきません。

　後に紹介しますが、筆者は、教師自身の体験を事例報告の中に記載するフォーマットをつくり、事例検討・研究を積み重ねてきました。これは、間主観的な考え方に基づくものです。教師と子どもの関係、カウンセラーとクライエントの関係、またその他様々な「人間関係」を基本にした職業があり、そこでは各々の当事者が主観（自分の心の世界）を持って出会っています。人と人とがかかわり合う場面では、必ず双方の心が動き、そこに何らかの体験が生まれます。そのことを忘れてしまうと、現実と離れた理想論になったり、教条的な考え方や建前主義に陥る危険性が高くなります。そうした意味で、かかわり手の「体験」に注目することは、その場で生じている現象に接近する上では、実は確実性の高いアプローチといえます。

　自らの体験を手がかりに、他の情報も併せつつ、「子どもの体験」を推測・想像することが教師には求められ、そこから次の新たなかかわりが生まれます。さらに、そのかかわりに対する子どもの言葉や態度といった反応を受け取りながら、その意味を確認していくことが必要となります。そうしたプロセスを繰り返すことが、相手に寄り添い、かかわりを深めるということではないでしょうか。このように、2人の体験・主観性に重きを置き、2人がかかわり合うその場を理解しようとする立場が「間主観的なアプローチ」（Stolorow et al., 1987）と呼ばれるものです。これは、3章や4章がベースになった見解といえ、広く人間関係にかかわる領域で役立つと思われます。

5-3 保育者のための事例検討用フォーマット

　ここからは、具体的な事例検討用のフォーマットを紹介していきます。まず最初は、幼稚園や保育園など、就学前の保育者のための事例検討用フォーマットで、それを表5に示します。

　(1) 背景となる状況とその時の課題・目標は、対象となる子どもについてのこれまでの経過と、報告場面の時点で保育者（教師）がその子どもについて課題や目標として考えていることを記します。

　(2) 場面は、実際のある特定の場所や状況を簡潔に述べます。

　(3) 本児の様子と保育者の思い・かかわり・対応では、その場面で行われた子どもと保育者とのかかわり合いを描きます。子どもの様子だけでなく、かかわり手である保育者の言動と内心の思いも、ふり返ってそこに書きます。他の子どもたちとのかかわり合いも必要に応じて書き入れます。

　(4) ふり返りは、この場面を書いてみて、今改めて考えたことを書きます。何かが見いだされることもあるでしょうし、これからの課題がはっきりするかもしれません。このフォーマットを書くことを通して、どのような自己省察がなされたのかを書きます。

　このフォーマットを用いた実践例は、8章で紹介します。

5-4 教師のためのプロセスレコード

　次にプロセスレコードを紹介します。プロセスレコードは、看護教育で長く用いられてきました。山口・山口（2004）は、これを教師の自己省察に応用しました。その理由として、学校現場における課題が複雑になり、マニュアル化された対応が通用しないため、状況に応じた臨機応変さや「臨床の知」が求められるからだとしています。また、長年の経験に基づく職人技といえるような、状況への適切な応答能力を徒弟的に模倣する新任教員の教育環境は、現代の学校では少なくなったことをあげています。

　さらに山口（2008）は、ショーンを引用しつつ、表面的な問題解決に流されるのではなく、教師自身が問題の本質を見いだす、つまり「問題の設定」ができる能力を培うために、プロセスレコードが有効であると述べています。

　プロセスレコードとは、もともとはアメリカの精神分析的対人関係論を創始したサリ

表5　保育者のための事例検討用フォーマット

（1）背景となる状況とその時の課題・目標
（2）場面
（3）本児の様子と保育者の思い・かかわり・対応
（4）ふり返り

ヴァン (Sullivan, 1947) の考えをもとに、ペプロウ (Peplau, 1952) さらにはオーランド (Orlando, 1961, 1972)、そしてウィーデンバック (Wiedenbach, 1964) によって、看護教育、特に精神科看護領域で発展してきた教育・訓練方法で、日本の看護教育でも翻訳・紹介され、近年は宮本 (1995, 2003) を中心に展開されています。

　ペプロウは、患者と看護師の両者はそのかかわり合いの中で、自分自身と相手について新たな理解をしていくことになり、こうした学習体験が人格を発展させる可能性があることを強調しています。

　オーランドはプロセスレコードを用いながら、看護師の自己一致[*31]に基づく応答の意義を強調し、それを「訓練された専門的応答 (disciplined professional response)」と呼びました。この応答とは、ある看護師とある患者とがかかわり合う、その時その場で生まれる唯一のものといえます。こうした応答性が高まるように、プロセスレコードを用いながら指導者が実習生に省察の機会を提供し、看護者としての反応（感じたこと・考えたこと）と言動のズレを認識できるように訓練するものです。

　ウィーデンバックは、看護師の感情と思考の関連性に焦点を当て、患者とのかかわり合いで生じる看護師自身の感情体験をもとに省察することが、看護の重要な手段になりうることを考察しています。

　宮本 (1995) は、上記3名の先駆的な取り組みの意義を踏まえた上で、日本ではプロセスレコードが、実習生よりも指導者からの評価のために用いられてきたことを指摘しています。つまり、実習生があるべき看護の規範に到達できていないことを、指導者が非難するためにプロセスレコードが使われることがあり、それは本来の活用法とは異なっていることに注意を促しています。

　このようにプロセスレコードは、かかわり合いを明示する方法として開発され、教師が子ども・保護者との関係性を省察する有効な手段になるといえます。しかし、あくまでこれは一つの方法であり、その活用の仕方が鍵になります。看護教育において宮本が指摘している点は、教師教育においても当てはまります。つまり、「省察」の目的が、教師や実習生の主体的で発見的な学びにあることを、学び手も指導者も十分に自覚する必要があります。

　表6は、山口・山口 (2004) に筆者（角田）が修正を加えた、プロセスレコードのフォーマットです。まず、省察の主体である教師・実習生が、自分にとってプラス・マイナス

[*31] 1-5を参照。

表6　プロセスレコードのフォーマット
（教師のための事例検討用フォーマット改訂版の3/3を兼ねる）

（1）エピソード・タイトル　（　　　　　　　　　　　　　　　）

　　　　　　　　　　　　　校種（　　　　）　学年（　　　）　性別（　　　）

（2）この場面を選んだ理由

（3）子どもの言動 （発言「　」の他、行動・態度や表情なども記述する）	（4）私が感じたこと・考えたこと	（5）私の言動 （発言〈　〉の他、行動で示したことも記述する）	（6）分析・考察

（7）私がこの場面から学んだこと

の印象に残ったエピソードを選ぶことから始めます。「どう子どもに対応すればよいか
に困った」というマイナスのエピソードを選ぶのはもっともですが、対応がうまくいっ
たプラスのエピソードの場合でも、何が子どもの成長に役立ったのかを、しっかりと把
握することは、教師の学校臨床力の向上に有意義なことです。

　まず、書き方の概要を述べます。**(1) エピソード・タイトル**に自分なりのタイトルを
付けます。**(2) この場面を選んだ理由**には、自分にとって何が心に残ったのかを率直に
述べます。そして、プロセスレコードとして、「子どもの言動」「私が感じたこと・考え
たこと」「私の言動」の3つの領域に分けて、なるべく具体的な記述を行っていきます。
本書実践編の9〜11章の事例で示すように、3つの領域には共通した時系列に沿った番
号を付しながら書いていきます。**(3) 子どもの言動**では、教師である「私」が知覚した
子どもの発言、態度、行動あるいは表情などを記載します。子どもの発言は「　」で示
します。**(4) 私が感じたこと・考えたこと**では、「子どもの言動」を受けて「私」自身の
内面で生じた主観的な体験（気分・感情、考え、連想や空想）を思い出して書きます。**(5)
私の言動**では、外からの観察が可能な「私」の発言や行動を書きます。「私」の発言は〈　〉
で示します。やり取りが続けば、この3つの領域は増えることになります。そして、**(6)
分析・考察**では、プロセスレコードのやり取りを書いてみて、今思うこと・気づいたこ
とを、その都度記述します。**(7) 私がこの場面から学んだこと**では、一連のプロセスレ
コードについての総合的な考察を書きます。

5-5　プロセスレコード作成上の留意点

　プロセスレコード作成上の留意点を以下にまとめます。

■留意点1：「子どもの言動」と「私の言動」

　2人のやり取りを省察するために、子ども・教師どちらについても、できるだけ実際
に近い発言を記すことが望ましいといえます。また、表情や声のトーン、態度・行動を
書くことで、暗示的なコミュニケーション[32]が理解しやすくなります。こうした言語・
非言語を通したやり取りの流れが、2人の関係調節のあり方を示します。例えば、これ

＊32　2-4、4-3を参照。

までに繰り返されていた、2人の関係のパターンが浮き彫りになるかもしれません。また、今までと違った展開がどうして起こったのか、そのきっかけに気づくかもしれません。「プロセス」とは、2人の生のやり取りの流れを指しており、複数の言動のキャッチボールを記述することが大切です。

■留意点2：「私が感じたこと・考えたこと」

　教師の内面を省察するために、その場の自分の考えや感情を辿りながら書くことが、プロセスレコードの最大の特徴です。自分の内面・主観を書くことで客観性を損なうと感じるかもしれません。しかし、臨床的な省察をする際に当事者の主観は欠かせず、むしろそれは貴重な情報源の一つです。自分がその場で何を感じ、思い、考えたのかをしっかり自分で把握することが、客観的に関係を見る視点を育てることになります。

　ここでは3-5で見た「動機づけシステム」の考え方が役に立ちます。つまり、自分自身のその時の感情がどのようなものであったのかに注目し、どうしてその感情が動いたのかをふり返っていくことが、自分の中で気づいていなかった心の動き（どの動機づけシステムが実は動いていたのか）に気づくきっかけになります。このように教師が自己理解を深め、自分の自己調節のあり方を知ろうとすることが、子どもと自分との間の関係調節を理解し、必要ならそのあり方を変える手がかりになります。

■留意点3：「分析・考察」

　報告した場面の中で、ひとまとまりのやり取りごとに、「分析・考察」欄に気づいたことを書きます。例えば、自分の内面や言動を書くという作業によって、自分についての気づきがあったでしょうか。子どもについての理解は、その時の理解と今とでは違いが出てきたでしょうか。違いがあるなら、子どもの見方がどう変化したのでしょうか。関係性の理解としては、2人のやり取りはかみ合っていたのでしょうか。それとも何かズレを感じていたのでしょうか。当時と今で思いが同じなのか、それとも違った見方が生まれたのか、そういうことを書いていきます。

■留意点4：「私がこの場面から学んだこと」

　選んだ場面全体についての省察を最後に書きます。2人の関係性について、子どもについて、自分自身について、これまでと少しでも違った見方が生まれたならば、省察の意味があったといえます。すぐに新たな方向性やかかわり方につながらない場合もあるでしょうが、これまでの経過を整理し、とらえ直しがなされたことで、今後の意識のさ

れ方・注意の向け方に変化が生じる可能性が高まったといえ、こうした地道な作業が感性を磨くことになります。

プロセスレコードを用いた実践例は、9〜11章で紹介します。なお、プロセスレコードの作成やそれを用いた省察会については、角田（2019）を参考にしてください。

5-6 教師のための事例検討用フォーマット改訂版

これまでに、筆者は事例検討用フォーマット（角田, 2007, 2012；角田ら, 2016）を作成して、教師と事例検討を重ねてきました。7章で示すように、従来の事例検討用フォーマットを用いて、教師の主観的な体験も含めた自己省察やグループ省察会は可能です（角田・掛田, 2016）。しかしながら、中堅以上の教師であっても、こうした省察的な事例検討に不慣れな場合は、子どもの特徴や事実経過は述べられても、具体的な当事者同士のやり取りや、教師の主観が描かれないことがありました。

そこで、前節で紹介したプロセスレコードを追加した「事例検討用フォーマット改訂版」を作成しました（角田・上良, 2018）。その後の教職大学院の授業では、このフォーマットを使った事例検討会・グループ省察会を行っています。

「教師のための事例検討用フォーマット改訂版」は3ページ構成[33]で、1〜2ページ目を表7に示します。3ページ目はプロセスレコードですので、表6と同じものになります。

5-7 事例検討会の進め方

(1) 事例検討会の目的

教師の省察の目的とは、毎日の子どもとのかかわりで行われている、様々な「行為レベルの実践（知）」を、ふり返りによって意識的・言語的に把握しようとすることにあります。そうすることで、何らかの気づきや「言語レベルの実践知」を見いだし、教師の

---

*33　必要に応じてページ数は適宜調整してください。

感性である「実践知を生む省察力」を磨いていきます。

　事例検討会をその目的から考えると、まず一般的なとらえ方として、その事例で何が起こっていたのかを、報告者と参加者が共に検討して意味を見いだすことがあげられます。これはどのような事例検討会にも当てはまるので、「事例理解のための事例検討会」といえるでしょう。

　そこからさらに目的を絞ると、まず1つ目は「ケース会議」で、今後子どもや家庭にかかわる方針を、参加者全員で検討することが主な目的となります。この場では、関係者が集まって現状を整理し、これからの取り組みや役割分担について、方向性を共有していきます。そして、もう1つが本書で強調してきた「グループ省察会」です。学生あるいは教師の教育・訓練のための事例検討会で、個人の省察に焦点が当たっています。

　とは言うものの、「ケース会議」に個人の省察の要素が含まれる場合もありますし、「グループ省察会」に今後の方針を参加者全員で確認する要素が含まれる場合もあります。また、「チーム」という観点から見ると、どの事例検討会も、各メンバーの協力体制へのコミットメントを確認する機会になるといえます。また、今苦労している報告者を、そのチームで支える意味を持つ場合もあるでしょう。

　どの事例検討会であっても、その根本にあるのは、「対象となる子どもを育む」ために、各々の教師に何ができるのかを話し合うということです。それに加えて、個々の事例検討会によって、前面にあるか背景にあるかの違いはあるでしょうが、かかわり合いのもう一方の当事者である「教師を支え、育む」ことも、その目的に含まれています。

(2) 事例検討会を行う際の留意点
■留意点1：目的の共有と安心して報告できる場の提供

　事例検討会で省察を行うには、報告者ができる限り本音で語り、それを受けとめるグループが必要です。つまり、検討会は、報告者とグループの協働作業によって成り立ちます。報告者が本音で語れる、つまり自己開示ができるためには、場に対する「安心感」が不可欠です。参加者には温かさと厳しさの両面が必要ですが、まず参加者が意識する必要があるのは、「他人事」としてあら探しをすることや、「こうするべき」という模範解答の押しつけではなく、報告された場面を追体験し、「自分事」としてどう対応しうるのかを思い描くことです。

　事例検討会が行われる場としては、校外の教員研修や学校現場など様々な機会が想定されますが、その目的をどの程度メンバーが共有できるかが、その検討会の成否を決めるといえるでしょう。それゆえ、事前あるいは検討の開始時に、主催者から丁寧に目

表7 教師のための事例検討用フォーマット改訂版 (1/3)

事例タイトル＿＿＿＿＿＿＿＿＿＿＿＿＿＿＿＿　　報告者名＿＿＿＿＿＿＿＿＿＿＿

1. 子どもの学年と性別　　　　幼保・小・中・高　　学年＿＿＿＿＿　　男・女

2. 問題となる行動・症状等

3. 2に対して報告者が当初、感じていたこと

4. 家族関係 (わかる範囲で)

5. 生育歴 (わかる範囲で)

6. 報告者がかかわるまでの経過

	子どもの様子・行動	私が感じたこと・対応	学校組織・家族など周囲
7. 報告者がかかわってからの1年の経過 （必要に応じて、時期は適当な箇所から使う・長期に渡る場合は本紙をコピーして使う）			
1学期			
夏休み			
2学期			
冬休み			
3学期			
春休み			

8. 具体的なかかわり合いを示すエピソードを別紙のプロセスレコードに記す

　　エピソード・タイトル（　　　　　　　　　　　　　　　　　　　　　　）

9. この1年間をふり返って

　　・本人について

　　・報告者である教師について

　　・学校組織・家族など周囲について

的を説明する必要があります。

■留意点2：司会者とスーパーヴァイザー

　事例検討会・グループ省察会を目的に沿うように進めるには、司会者の役割は重要です。報告者がこの検討会で何を取り上げたいのか、その動機を司会者が問いかけ、他の参加者と共有する必要があります。また、司会者は時間の配分に注意し、資料に基づく発表と、それを受けた参加者の小グループで討議を行い、最後に全体のディスカッションにつなげるのが基本的な流れといえるでしょう。進行にあたっては、ディスカッションと元々の報告者の省察の動機とが乖離していないかに注意し、時に最初の目的に立ち返るようにディスカッションを軌道修正することも必要です。

　報告者にとってそれまでに意識されにくかった事柄が、ディスカッションを通じて明らかになることは、多くの省察会で起こりえますが、報告者の受けとめ方には当然幅があります。そのため、司会者は丁寧に、報告者がどのようにディスカッションを受けとめているのかを理解することが大切です。その上で最後に、報告者がその省察会をどのように経験したのかを話してもらいます。

　スーパーヴァイザーとは、事例検討会・グループ省察会の経験がある指導者・助言者を指します。スーパーヴァイズ（supervise）とは「俯瞰して見る」「客観化して見る」という意味で、報告者が省察を深められるように、問いかけやコメントを行う大切な役割です。事例検討の経験がある教師が担う場合もありますし、心理職など学校教育にかかわる教職以外の者が担当することもあります。

　臨床心理学では、カウンセラーの訓練として、スーパーヴィジョンが行われてきた歴史があり、カウンセラーは自分が担当した面接についてふり返り、自分より臨床経験があるスーパーヴァイザーと共にその経過を丁寧に検討して、力量を磨いています。形式は、一対一の個人スーパーヴィジョンと、集団で事例検討を行うグループ・スーパーヴィジョンとがあります。

　こうしたスーパーヴァイザーがいると、ディスカッションの方向性がまとまりやすく、省察を深められる可能性が高まります。司会者とスーパーヴァイザーは別のほうが進めやすいでしょうが、一対一で個別の省察会を行う場合など、司会者とスーパーヴァイザーを兼ねることもあります。

　この後の実践編では、教師と子どもとのかかわり合いに関する様々な事例が検討されています。かかわり合いを文章で示す個性記述法で書かれたものや、本章で紹介した3

つのフォーマットを用いたものもあります。また、事例検討会・グループ省察会を経た
ものもあります。いずれにしても、教師の学校臨床力とその事例検討・省察の実際を、
できるだけ生き生きと示そうとしたものです。

　読者の皆さんには、教師と子どもとのかかわり合いの場面をイメージし、ご自身がそ
の場にいたら、と思いを馳せながら読んでいただければと思います。

第2部
実践編

6章

若手大学院生による補助教員としての事例検討

A・B・Cの事例

(個性記述法)*34

6-1 はじめに

　本章では、その当時、学部新卒の教職大学院生だった共著者 (森佳美) が、実習生や学習支援員として学校現場で出会った児童生徒とのかかわり合いについて、事例検討を行っています。事例検討の形式としては、オーソドックスな「事例報告」とその「ふり返り」という、個性記述法でまとめられています。分担執筆としては、6-2から6-5は森によるもので、6-1と最後の6-6「事例検討のコメント」は角田が担当します。

6-2 事例について

　筆者 (森) は、実習や学習支援員、学生ボランティアなどの経験を通して計6校の小中学校で児童生徒とかかわってきました。ここでは、それらのかかわり合いの中から、児童生徒の意欲向上に特に寄与したと考えられる3事例を紹介します。各事例においては、かかわり始めの場面と特に印象的なかかわり合いの場面を抽出し、児童生徒から受けた印象などについて筆者の主観的な経験の流れに沿って記述しています。なお、以下に記載する事例は、筆者－児童生徒間で起こっている出来事そのものは、できる限りそのま

＊34　1-11を参照。

まに再現しますが、プライバシーへの配慮から、児童生徒の情報に関しては改変しています。事例によって、かかわり合いの頻度や期間は異なりますが、それらを明らかにすることで学校や児童生徒が特定されてしまうことを避けるため、あえて記載していません。なお、すべての事例において、児童生徒の発言を「　」、筆者の発言を〈　〉、それ以外の発言を『　』で表しています。また、筆者の担当教科は英語のため、中学校の事例で出てくる「授業」とは、特別な断りのない限り、英語の授業を指しています。

6-3　事例1：A男

■事例報告

　A男は当時、中学校2年生で、授業中は突っ伏していることがほとんどの生徒だった。初めて声をかけた時にはこちらに見向きもせず、「もういいねん」とかかわりを拒絶されたが、思わず〈何でそんな寂しいこと言うの？〉と返すと、想定外の返答に驚いた様子でこちらを見てきたので、そこで初めて目が合った。ペンを渡し、書くべき単語の初めの一文字を書き示すと板書を写し始めた。これまでノートをとったことすらほとんどなかったようで、学習障害なども疑ったが、声をかけると板書を写すことはできた。数回のかかわり合いを経て、ローマ字は時間をかければなんとか読めるものの、英単語に関しては一語も読めない状態であるなど、本人からの話と観察によって、できることとできないこと、比較的得意なことと苦手なことなどがわかってきた。一語も読めないということに驚きを隠せなかったが、〈まあ、これから頑張ればいいだけやん。一緒に頑張ろう〉と言うと、それまで開き直って笑っていたA男も少し真面目な表情で「うん」と答えた。音読などの活動では、完全に他の生徒についていけないので、他の生徒がペアで練習している間、全ての単語にカタカナを振って、一緒に〈今日はこの単語を覚えよう〉など、A男に合った目標を決めて、少しずつ単語の読み方や意味、使い方を一緒に勉強するようになっていった。板書も残さず写すようになったが、よく字が乱雑になるので、〈もっと丁寧に書けるの知ってるし〉とこちらの思いを伝えると、A男は渋々だが、どこか嬉しそうに笑いながら書き直すようになった。

　かかわり始めてしばらく経ったある日、普段通り、英語の授業での個別学習の際、一緒に問題に取り組んでいた。読める単語が増えたことにより、A男

の意欲も高まってきたようで、非常に学習が進めやすくなっていた。その日は取り組んでいたページが完成しないまま休み時間に入ったが、Ａ男から休み時間も授業の続きを教えてほしいと言ってきたので、一緒に授業の続きの勉強をした。Ａ男が知らない単語を身近にあるカタカナ英語で説明したりしながら、楽しく勉強している様子を見て、授業に集中できない他の生徒たちも数名交じってきたので、皆で一緒になって問題に取り組んだり、単語のスペルクイズをしたりした。Ａ男はその後「また休み時間とかにも勉強を教えてほしい」と意欲的な発言をしていた。

　学年末も差し迫ってきた頃の英語の授業において、読みもの学習があった。Ａ男が小学生の時に大好きだった話のようで、あらすじを詳細に覚えており、少し興奮した様子で楽しそうに内容を語っていた。授業では内容について軽く触れる程度であったので、各自で読む練習をする時間にはカタカナを振って読むのではなく、すでに覚えた単語の確認をすることとまだ覚えていない単語の読みを推測してみることを持ちかけた。これまで単語の読みをつづりから推測する練習を何度かしてきたので、まだ覚えていない単語もローマ字読みを手がかりに、Ａ男は一生懸命に推測していた。そして、ある単語でやっと納得のできる読み方が見つかった時、自分で読めたことに感動した様子で、その単語を大声で叫んだ。〈読めたやん！〉と筆者が言ったのとほとんど同時に、Ａ男はクラス全員に聞こえるほど大きな声で嬉しそうに「読めた！！」と叫んだ。その時、Ａ男と目が合った生徒は場違いな叫び声に少し呆れて笑っていたが、その生徒から『よかったな』と声をかけられると、Ａ男はとても満足そうにしていた。

■ふり返り

　Ａ男とのかかわり全体をふり返ると、初めて声をかけた時のやり取りが最も重要であったように感じます。かかわりを拒絶されそうになった時、諦めずにこちらから踏み込んで接していなければ、Ａ男はその後も諦めたまま、ずっと突っ伏しているだけであったように思われます。これまで支援を受け入れず、ただ教室にいるだけであった状態から、自分の存在が認められたことによって活力が得られ、わかることが増えていくうちに自信が少しずつ芽生え、向上心を持つようになったと推測されます。初めのうちは、言われたからするという姿勢だったのが、わかる内容が増えるにつれ、自分から「教えてほしい」と言うようになり、やがては「前に言ってた活用形、覚えたで！」という

発言から見て取れるように、自力でも学習できるようになっていきました。また、字が乱雑になることについても、初めは指摘されて渋々書き直していましたが、指摘されるとすぐに書き直すようになり、最終的には自分から「きれいに書き直してから出す」と言い出すほどになりました。

　このような変化は意図されて生起したものではありませんが、A男が学習において達成感を感じ、自ら少しずつ成長していくことに重きを置いていたことが、こうした成長を促したともとらえられます。事例で紹介した場面以後も意欲は持続し、学年末には高校へ行きたいと言って、受験を意識するようになりました。全体として、活動に取り組み始めたこと、渋々ながらも書き直すことなど、些細なことでもA男の成長として感じられ、自然とそれを喜んでいる筆者がいました。無理にクラス全体の進度に合わせた形だけの支援にとどまるのではなく、彼のできる範囲でできたことを共に喜び合い、A男自身が自分にもできるということを実感できるようなかかわり合いとなっていたことが重要であったように思います。

6-4　事例2：B子

■事例報告

　B子は当時、中学校2年生で、授業に遅刻したり、保健室に行って休んだり、早退したりすることの多い生徒だった。初めて会ったのは、筆者が他の生徒の対応で授業に少し遅れて行く途中に通りがかったトイレで、〈お、授業始まったし、行こか～〉と何気なく声をかけたのが最初のやり取りだった。その時は、それがB子であるということも知らず、一緒にB子の教室まで行ったが、その日はそれ以上のかかわりはなかった。

　授業で初めてかかわることになった日も、B子は遅れて教室に入ってきて、教科書もノートも筆記用具もないまま、突っ伏しているか、ただ茫然と前を見て座っているという状態だった。活動の時間に、ロッカーにあったB子のファイルを持って隣へ行き、何気なくB子と同じような態度で様子を見ていると、B子はこちらを見た。目が合った時、こちらがやるせないというような表情で視線を返すと、B子はニヤリとした。余計な声かけはせず、黙って筆記用具を差し出し、〈一緒にやろ〉とだけ言うと、活動に取り組もうとし始めた。できていることを大いに伝え、わからないところは説明を入れると、学習は

進み、初歩的な単語くらいは理解できるということがわかった。その後も継続的に同じような支援と、授業外での声かけ（〈Ｂ子、あしたは絶対ノート持ってきてや。ノートなかったら何もできひんしな！〉〈なんか今日、元気ないやん。どないしたん？〉など、授業に関係のあることもないことも含めて様々な内容で、会うたびに声をかけた）を行っていくうちに、教科書やノートなどを自分で持ってくるようになり、やがては毎回ではないものの、宿題までしてくるようになっていった。

　ある日、空き時間に保健室を覗くとＢ子の姿が見えたので話に参加した。しばらくすると、養護教諭が会議のため、保健室を出ることになり、代わりに他の教員に来てもらうように手配されることになりかかったが、Ｂ子は筆者と話がしたいと言い、こちらが了承したことで初めて２人でゆっくりと話すことになった。Ｂ子は自分のしてしまう社会的な逸脱行為に関すること、家族のこと、友人のこと、他校生徒との交友関係のこと、恋愛に関すること、これまでにＢ子がした少し危険な体験など、様々な話をした。基本的に、Ｂ子の話を批判することはなかったが、Ｂ子の健康を害するような問題に関してだけは、Ｂ子の身体を心配しているということを強く主張した。話をするうちに、筆者のことにも興味を示し、様々な質問をしてきたので、聞かれたことに答えると、互いの体験や考えなどに共通点が多く、そのような共通点を見いだすたび、Ｂ子はとても嬉しそうにしていた。次の時間には一緒に教室まで行くと、Ｂ子は機嫌良く教室へ入った。

■ふり返り

　Ｂ子は自分の態度や行いについて、形式的に注意されるだけでは一向に改める兆しが見えず、逆に反抗的になってしまうところがありました。そのため、筆者がＢ子を見て感じたこと（Ｂ子の良いところや成長を感じるところ、また反対に改善してほしいことなど）を素直に伝えるようにしました。特に、学習では自信のなさから、わかっていてもそれが正解であると確証が得られるまで答えを書けないところがあったので、できていることを大いに伝え、自信を高められるように心がけました。改めてふり返ると、意図してではなく、Ｂ子の成長などが嬉しいあまり、一つの問題が解けるごとに〈わかってるやん〉〈お、ちゃんと消して書き直してるやん〉というように、些細なことでもこちらが感じたことを伝えていたように思います。個別的にかかわる際には、自分のありのままをさらけ出し、Ｂ子と同じような言葉づかい、目の高さ、姿勢で話をしました。話す時には

B子の話をよく聴き、表面的な言動をそのまま鵜呑みにするのではなく、B子がどのようなことを考え、感じているのかを考えていました。基本的には積極的傾聴の姿勢でいましたが、本当にB子のためにはならないと考えられることには、一人の人間として率直な自分の思いを伝えるようにしました。また、筆者のことを聞かれた場合には、あるがままの自分について伝えてきました。そうして関係性が深まっていく中で、筆者が大切な場面で緊張している時には、B子が「めっちゃ緊張してるやん」と筆者の心境に関心を示し、さりげなく筆者を助けてくれたこともありました。このように相互性、人間性、直接性のあるかかわり合いが深まる中で、B子との間に共感的関係が生まれたと考えられます。

　B子と初めて授業でかかわった際に、筆者がやるせないというような表情でB子に視線を返した部分があります。これは、何かを意味して行ったことではなく、B子の様子を見ていて、非意図的に引き起こされた行為です。もしかすると、B子の様子から意欲を失って途方に暮れているというような雰囲気を感じ取り、同じような感覚に苛まれたからなのかもしれません。そのことは確信的でないにしても、その後のB子のニヤリとした表情からすると、ここで互いの間に何か共有されるものがあったように考えられます。このように、その時その場で児童生徒から感じとったものから、無意識的に呼応するかのように、言葉が出たり、何らかの行動をとっていることがありますが、それがその児童生徒のその時の内的状態に合致したと思えた時、わかり合えたような感覚が得られます。このような非意図的、非言語的なかかわり合いもB子とのわかり合いの体験として大きな役割を担っていたととらえられます。

　このような共感的関係、わかり合いの体験の積み重ねは、B子の心理状態を支え、意欲が高められる基盤となっていたように思われます。B子は、英語の授業は一度も休むことなく、よほど体調のすぐれない時を除いて、わからないところを筆者や周囲の生徒に聞いたりしながら、しっかりと活動に参加するようになりました。

6-5　事例3：C男

■事例報告

　C男は当時、小学校4年生で全体的な学力に極度な問題はないものの、授業ではほとんどノートをとっておらず、私語や不規則発言の多い児童だった。普段は様々な同級生と絶えずトラブルを起こしていた。トラブルを起こすと、

イライラがおさまるまで自己内対話をしているかのように自分の世界に入り込み、一人で何か呟いていることがよく見受けられた。ノートを書かないことが習慣のようになっているため、字はいつも力がなく、また漢字は読めるものの、すべての文字を平仮名で書いていることが気になっていた。かかわり始めた当初は、さりげなく隣に立って、会話をしながらノートを書くことを促していた。面白いことをしたり言ったりして、人を笑わせることが好きなようなので、時には彼がおどけるのに一度乗ってから、本来の活動をするように促したりもした。以前に他の教員から、Ｃ男は教師が隣にいるのを嫌がると聞いていたが、このように笑いのセンスを共有していたためか、干渉されるのを嫌がるような様子は見られず、ノートを書くことについても、言われれば書くようになってきた。しかし、とある図工の時間にＣ男がクラスで一人、大幅に遅れを取っていたため、様子を見に近くに行ったところ、初めて「自分でできますから……」と拒絶する様子を見せた。何かイライラすることがあったようなので、必要な道具の準備だけ促し、あまり干渉しないように一緒に絵を見ていたが、やがて描き始めたので、描き方で困っている時だけ助言をした。それ以後は拒絶する様子は見られなくなった。

　他の授業で、相変わらず自分からノートを書こうとしないＣ男に、〈ノート、ノート〉と促した。Ｃ男は消しゴムやペンをいくつも集め、引き出しに入れていた。そのわりには、書き間違えても間違いを消そうとしないので、〈消しゴム、消しゴム〉と言いながら、〈ここにあるのはわかっているよ〉というメッセージを意図して引き出しを指さすと、Ｃ男は意外そうな表情で「え？」と言いながら引き出しを開けた。しかし、それでも消そうとしないので、〈消す、消す〉と言いながら消しゴムを一つ取り出して渡そうとしたが、普通に渡すだけでは面白くないので、〈あ、やっぱりこっち〉とＣ男が受け取ろうとした拍子に違う消しゴムとすり替えた。すると、Ｃ男は「えー！」と少し驚きながらも笑っていたので、〈これ、先生のお気に入り。お気に入りで消そ〉と言うと、笑いながら消して書き直していた。

　ある日、授業開始からまもなくして、Ｃ男は何か気に障るようなことがあった様子で、荒々しい態度をとっていた。プリント学習が始まった際に隣へ行くと、Ｃ男は独り言のように何かを呟いていた。以前に同じような場面で、〈Ｃ男、どうかしたん？　何か困ってる？〉と聞いた時、「今、Ｊ男とけんかして、ムズムズしてるから」と言ったことを思い出した。その際には、あとでトラブ

ルは解決したのかと聞いたところ、当事者同士で終結したとのことであった。普段からトラブルがあった際には、相手に注意をしてほしいといった様子で、出来事の一部始終を報告してくるのが、その時はそうしてこなかったことから、実際に当事者同士で争いはひとまず終結したが、まだC男自身としては頭の整理ができていない状態であるように感じられた。今回の場面でも、全く同じような様子であったので、〈C男、もしかして今、J男とけんかしてムズムズしてる？〉と聞くと、「うん」と返事が来た。〈じゃあ、落ち着いたらこれ（プリント）しような〉と言うと、また「うん」と返事が来たため、干渉せずに他の児童の支援に回った。しばらくして、C男のところに戻り、〈落ち着いた？〉と聞くと、「うん」と言って、プリントに取り組み始めた。

■ふり返り

　C男とのかかわりをふり返ると、C男とは笑いのセンスを共有しながら課題を解決していくことが多かったです。C男が考えそうなことを先回りしてこちらが言ってみたり、冗談を言い合ったりする中で、互いの心理的距離が縮まり、C男もこちらが促すことを受け入れやすくなっていったと考えられます。

　また、事例の中に、C男が「ムズムズしてる」と言う場面があります。初めてC男からそう言われた時、筆者はなぜC男は「イライラ」ではなく、「ムズムズ」と表現しているのか気になって仕方がありませんでした。表現の違いについて吟味するうちに、過ぎ去ったことについて、まだ歯がゆさのようなものを感じている時には、「イライラ」よりも「ムズムズ」という表現がC男にはしっくりきたのではないかと思いました。そのため、再度C男が「ムズムズ」していると考えられる場面に出くわした時には、C男の内面で生起している感情に最も近いと考えられる表現でC男に問いかけました。それまで取り乱していたC男はその問いかけに「うん」と答え、しばらくすると自分から活動に取り組み始めました。このように感じ方を共有することで、C男は「わかってもらえた」と実感でき、感情の高ぶりを緩和できたようです。児童生徒が困惑している場面で、活動への参加を強要しても主体的な参加は見込めません。児童生徒の主体的、意欲的な姿勢を育む上で、本人が納得し、自らの意思で活動に参加できるよう、児童生徒本人の感じていることやそれぞれのペースを尊重することが重要であると思います。

6-6　事例検討のコメント

　ここから筆者（角田）がこの事例検討についてコメントします。以上の３つの事例では、授業や人間関係に何らかの個別の支援が必要な子どもに対して、共著者である補助教員（以下、T2とする）から関係づくりがなされ、その経過が丁寧に記述されています。かかわり合いは事例によって異なりますが、どの児童生徒もT2との関係を通して成長する様子が間主観的[*35]に描かれ、学習意欲の向上が見られます。チームティーチングであるため、T2は個別のかかわりが行いやすい立場にあるのは確かですが、これらはいずれも日常の学校教育で起こりうる場面であり、個性的ですが特殊な事例ではありません。以下に「かかわり合いについて」「自己対象[*36]として働く」の順に各事例について考察します。

（1）かかわり合いについて

　まず、事例１の出会いの場面を取り上げてみます。T2の声かけをA男は「もういいねん」と拒否し、学習や教師に対する諦めの感情を示しています。戸惑いもあったでしょうが、T2は思わず〈何でそんな寂しいこと言うの？〉と応答しています。かかわりの拒否はT2にとって寂しいことですが、T2の発言は、A男にかつて他者に拒否された際に感じた、彼自身の寂しさを喚起させたのではないでしょうか。つまり、ここでは意図せず寂しさをめぐる響き合いが生じたようで、それゆえ、A男は驚いた表情でT2を見たのでしょう。諦めが希望に替わる瞬間が生じたのだと思います。

　事例２も出会いの場面が印象的です。遅れて教室に入ってきたB子は、机に突っ伏したり、茫然と前を見るだけです。T2はB子のファイルを持って隣に行き、同じような態度で様子を見ます。そのうちに２人の視線が合います。ここでT2は、ふり返りで述べているように、非意図的に「やるせなさ」を表情に浮かべ、B子はそれに応じてニヤリとしています。ここで注目されるのは、２人の視線が合う前からT2はB子と「同じような態度で隣に居た」ことで、B子の姿勢や態度が醸し出す雰囲気に、T2は情動調律[*37]し

＊35　4章を参照。

＊36　3章を参照。

＊37　4-2を参照。

ていたようです。それがT2の表情となってB子に伝わり、非言語的な「感情の共有」が2人の間ではっきり確認されたといえます。

　事例3では、ノートを書こうとしないC男との消しゴムをめぐる場面を取り上げます。ここでは、T2の頻繁に単語を繰り返す発言が特徴的で、やや押し気味ながらも掛け合い的なテンポがその場に生じていたようです。ノリとしての情動調律が行われつつ、T2はさらに遊び感覚でもって、消しゴムをわざとC男の手元ですり替えます。背景には、C男の笑いへの親和性や消しゴム収集についての理解があり、それらを生かしたやり取りによって、干渉を嫌うC男がかかわり合いを楽しむ様子が見えます。そして、そこにスムーズなノートの書き直しが伴っています。

　これら3事例では、T2が思わず言葉にした応答や、何気なく相手の態度に合わせて浮かべた表情や、遊び感覚のノリなど、半ば意識的ですが、半ばかかわり合いから生まれ出た非意識的・非意図的な言動が特徴です。子どもの成長を阻害しないという前提のもと、T2は各々の子どもと共に「自然さ・本心のまま」のかかわり合いを行い、それが関係調節[38]として相互に影響し合い、子どもの自己（そしてT2自身の自己）を活性化させたといえるでしょう。

(2) 自己対象として働く

　「教師が自己対象として働く」という観点から見ると、まず事例1では、当初やる気のないA男がT2に認められることで鏡映体験を経験し、学習意欲が次第に高まっていく姿が示されています。また、他の生徒たちが2人の休み時間中の楽しげな学習に加わるなど、二者の関係を超えてかかわり合いが拡がったことにも注目する必要があります。これは支援の必要な子どもを集団内につなげる「橋渡し」[39]の働きであり、教師独自の自己対象の働きと呼べるでしょう。最終的にA男は、英単語が「読めた！」と歓喜を表しており、効力体験としても結実しています。この場面では、T2も〈読めたやん！〉と同時に声をあげ、双子的な共有体験も生じています。さらには、A男の声を聞いた同級生が呆れながらも『よかったな』と声をかけており、先の橋渡しの成果がこの場面にも表れています。

　事例2では、お互いに共通点を見いだしていく経過から、B子とT2の両者に双子体

---

*38　2-2を参照。
*39　1-8、4-4を参照。

験が成立したといえます。反抗的な態度をとりやすい、つまり自己対象不全による嫌悪性が前面に出ているB子にとって、こうした双子体験は貴重で、他者と共に在るという感覚を確かなものにしたといえます。保健室の場面に見られるように、T2はB子の話を真剣に理解しようとし、B子によくない事柄に対しては率直な思いを伝えています。共通点（双子体験）とともに、一生懸命にわかってもらう本気さ（鏡映体験）や、対峙してもらえる手応え（対立体験）をB子は経験したようで、信頼感（理想化体験）も併せて、T2はB子の大切なモデルになっていったと考えられます。

　事例3のC男は対人トラブルが多い児童で、教師の介入を拒みやすく、その内面がとらえにくいところがあります。T2は無理な介入はせず、一歩引きつつも地道に理解を重ねていきます。次第に見えてきた「笑いが好き」というC男の性格を交流の窓口とし、おどけたり笑い合うことで、C男は安定した双子体験をT2との関係で経験するようになったようです。しかし、「イライラ」や「ムズムズ」した状態など、C男の内的状態は不調に陥ることがあり、T2はC男の内面を表す言語表現に注意を向けるようになります。そうした丹念な理解から〈もしかして今、J男とけんかしてムズムズしてる？〉という応答が生まれます。その後の言動から、C男にとってそれが的確な鏡映体験であり、かつ混乱を鎮める理想化体験になったことがわかります。

　以上のように、子どもにとって必要な自己対象体験は、共通点もありますが個別性も高いといえます。ある子どもがどのような自己対象欲求を抱えているのかを、かかわり合いを通じて探索しつつ応答していく取り組みが、教師が自己対象として働くということです。教師としては、学習活動を支援することが、まず基本となる目標です。しかし、学校臨床力の観点に立てば、子どもの自己がまとまりと連続性を持ち、生き生きと活力のある状態になることが、包括的な支援の目標になるでしょう。

7 章

小学校担任による事例検討（会）の経験

Dの事例
（事例検討用フォーマットに基づく個性記述法）

7-1 はじめに

　本章では、中堅の小学校教員（掛田みちる）が、担任としてかかわった児童について事例検討を行い、さらに事例検討会（グループ省察会）で発表した経験について考察を行っています。かかわり合いを記述するとはどういうことかを、教職大学院で時間をかけて省察していった事例といえます。当初は「事例検討用フォーマット」*40を用いて行われましたが、ここではその後の経過も含めて、改めて文章としてまとめています。分担執筆としては、7-2と7-3は掛田によるもので、7-1と最後の7-4「事例検討のコメント」は角田が担当します。

7-2 事例報告

　筆者（掛田）が公立小学校の通常学級担任として、学習面、対人面で支援を要する児童とかかわった1年間の経過を報告します。児童と筆者とのかかわり合い、また児童同士のかかわり合いの記述を通して、本児童と筆者、他の児童との関係性の変化を中心に見ていきます。児童の発言を「　」、筆者の発言を〈　〉、それ以外の発言を『　』で表し

＊40　プロセスレコードを含まない元々の「事例検討用フォーマット」です。5-6を参照。

ています。なお、事例は本質に影響しない範囲で、プライバシーに配慮し改変・省略をしています。

■対象児

女児D（公立小学校低学年）。

■当学年進級までの経過

乳幼児健康診断等で、発達の遅れの指摘は受けていません。幼稚園からは "集団参加がしにくい、気持ちに不安定な面がみられる、自己中心的な行動が多く友だちとトラブルになりやすい" という申し送りがありました。地域の公立小学校入学後、徐々に学習中に教室を飛び出すようになります。感情の起伏が激しく、他の児童と殴り合いのけんかをしてけがをすることもあり、これまでは、担任全員でDのトラブルへの対応や保護者との連絡について継続的に相談してきました。当学年で筆者がDを担任することになりました。

■かかわり合いの経過1

《エピソード1：家庭での様子を話す》

かっとなっているDをクールダウンのために廊下に連れ出す。〈Dちゃんがけがをして帰ったら、Dちゃんの家の人も心配するでしょう〉と言うと、「心配なんてしない」と涙ながらに訴えてきた。〈Dちゃんのモヤモヤする気持ちがすっきりするように、先生たちができることを考えてもいいかな〉と、筆者以外にも養護教諭、教育相談担当教諭の名前をあげてDの話を聞くことができること、いつでも話をしてほしいことを伝えた。Dは筆者の様子をうかがうようにじっと顔をのぞき込んで聞いていた。

その後、プールの着替え中の児童のバスタオルをはがす、畑の水やり途中に教室内にホースで水をまくなどの問題行動が続いた。筆者や児童たちの注目関心を得ようとしているのだろうということは理解できたが、一つひとつの対応に追われ、筆者自身が疲れてDにきつく叱責することも増えていった。トラブルの際の話し合いでは、「謝らへん。だってあいつが悪いし」と自分の意見や行動が正しいことを主張し、謝らないことが多かった。

「お母さんに電話するの？　せんといて」と言うDに、〈周りの大人がみんなでDちゃんのことを考えるために電話するんだよ。お母さんに言いつけるわ

けじゃないよ〉と伝える。しかし、筆者の報告を母親は静かに聞いて『わかりました』とだけ答え、共に行動の背景を考えるために話を深めるには至らなかった。また、電話連絡をした日は厳しく叱られているようで、翌朝は不安定な様子で登校し、電話したことにDは不満を持っている様子が見られた。

《教育相談担当教諭との連携》

　教育相談担当教諭との話し合いを通して、筆者はDのことを "聞くことが苦手、衝動性が強い、感覚的に敏感なところがある、こだわりが強い" という発達上の課題があり、それが集団不適応やトラブルの背景にあるととらえた。別室でクールダウンしたり個別指導を受けたりする体制づくりや、発達検査などの客観的なアセスメントをする必要性を感じた。1学期末に保護者との懇談の機会を設けて、Dの学校での様子を理解してもらい、2学期に向けて個別の教育支援計画の作成や専門機関の受診・相談、別室対応などを検討したいと考えた。

《1学期末の母親との教育相談》

　懇談には教育相談担当教諭が同席した。母親からは子育てのしにくさは感じてこなかったことや、幼稚園のころは集団参加できていたことなどについて聞き取った。Dは思いが通らないと激しく怒るところがあるが、甘えているだけだから厳しく対応してくれたらできるはずだということを伝えてこられた。母親が筆者に心を開いて話をしてくれていないことは話の内容から感じていたが、課題を共有したいという思いを優先させ、学校側の考えている方向性をやや一方的な形で伝えた。終始、硬い表情だった母親から、個別の教育支援計画の作成については同意が得られたが、検査や別室対応の話は『考えます』という返事を受けた。

《エピソード2：Kとのトラブル》

　7月に入り、席が隣になったK（男児）と仲良く話している様子が見られるようになった。特定の児童と親しくなる様子を大変微笑ましく思い、母親との懇談でも良い変化としてKとの関係を伝えていた。しかし1学期終業の数日前、Kは児童向けの「いじめSOS」用紙に『隣の席の子にいじめられています。授業中ずっと嫌なことを言われるので学校に行きたくありません』と書いて、

連絡帳にはさんで欠席した。『お楽しみ会の景品を毎日一緒に作ることをDと約束したが、毎回の休み時間を景品作りに使うことが辛くなったKは、Dに"今日は無理"と言ってその日は外へ遊びに行った。その後からDは激しくKを責める言葉を言うようになった』という内容を筆者はKから聞き取った。そして〈明日からもう嫌なことを言われることがないようにDと話をするから安心して学校に来てね〉と約束した。

　翌朝、Dから聞き取りをするとKを責めていたことは認めたが、「だってあいつが悪いんやもん」と言う。約束だから絶対守らないといけないというのがDの考えだった。「いじめ」という言葉が出ていること、Kが不安定になり欠席したこと、Kの保護者に今日中に報告しなければならないことなどに、筆者は強い焦りを感じた。さらに学期末の気ぜわしさもあった。この日2回目の聞き取りでは、Dの話を聞くのもそこそこにして〈Dちゃんにいろいろな気持ちがあるように、Kくんにも気持ちがあるんや。それをわからないとあかん。何も言い返してこない人に向かって嫌なことを言い続けるのはいじめと一緒や〉と強い口調で叱った。その瞬間、Dは聞き取りをしていた部屋を飛び出して教室にかけ戻り、自分の机の引き出しを1階の教室の窓から外に放り投げ、続けてランドセルも外に放り投げて、D自身も外に出て何度もランドセルを踏みつけた。その姿からは"わかってもらえない"という悔しさが滲み出ていた。

■かかわり合いの経過1をふり返って

　エピソード1で家庭の様子を話した後、注目関心行動が増えていったことから、どこまで筆者が自分の思いや状況をわかってくれるのか試すような気持ちもあったのではないかとふり返ります。保護者とは学校の様子を積極的に伝えることで、協力関係を築きたいと思ってきました。しかし、課題を共に考えられた実感が持てず、焦りや戸惑いを感じていました。Dにとって筆者は、学校での行動を最も知られたくない母親に報告する存在になっていったのではないでしょうか。友だちや担任ともかかわりたいけれどその方法がわからず、仲良くしたい相手からも担任からも自分の全てを否定されたような気持ちになって、荒れた状態へと移行していったのだろうと思います。

■かかわり合いの経過2
《その後～2学期初め頃の経過》

　今後Dと筆者自身との関係がどうなっていくのか気になりながら夏休みに

入った。教育相談の夏季研修に参加し、Dのことを思い浮かべながら講義を聞いた。"わかって欲しい""人とつながりたい"という思いを強く持ちながら、うまくいかないDの苦しさを思いやった。また、筆者と保護者との連携において、Dの行動の特性や対応に関する話題に偏り、十分にDや母親の思いを汲むことをしてこなかったのではないかとふり返った。その結果、母親は学校の行動についてDを厳しく叱責することが増えていった。筆者は母子関係を壊すようなかかわりをしてきたのではないかという反省に至った。

　2学期に入り、登校してきたDは挑戦的、反抗的な態度が目立った。朝の会の途中、鍵盤ハーモニカを吹いていたのを取り上げたところ、引き出しの中からハサミを出してきて筆者の方へ向け「アホな先生の言うことは聞かんでいいってお母さんが言ってるから」と言う。1学期末に感じたDや保護者とのズレは、夏休みを経て明確になっていた。Dからハサミを向けられたこと自体のショックも大きかったが、そうせざるを得ない状況に追い込んだことに対してどうにかしなければならないと強く感じた。校内でケース会議を開いてもらいたいと頼み、管理職、教務、生徒指導担当教諭、教育相談担当教諭、担任でケース会議が開かれた。家庭の状況、他の教員から見たDの姿、これまでの経過など様々な視点でDの行動の背景を考えることを通して、余裕をなくしていたDとの関係を客観的にとらえることができた。また、共に考えてくれる支援体制が整ったことで安心し、Dとつながることを最優先に考えたいという思いを持った。今後、以下の点で方向性を持って対応することとなった。

• 保護者への連絡は、悪いことを知らせるのではなく、頑張ったことや変化してきたことを中心にする。
• 職員室は、担任が内線電話で応援を頼んだら、すぐに対応する体制を組む。
• 別室はクールダウンの時に利用することから始め、徐々に保護者に理解を求める。
• 職員会議で全職員にDの状況と支援の方向性を報告し、共通理解を図る。
• スクールカウンセラーに助言を受ける。

《Dの心に寄り添った支援》
　図工作品をコンクールに出品することになり、Dに伝えると、大変喜んで

「誰が見るの？」「今どこに運ばれて行ってるの？」と筆者と穏やかな会話ができ始めた。漢字ノートの練習はごほうびシールを集めることで大幅に遅れることなくこなしていけるようになった。着席して学習に向かえることが増え始めると、形の認識や音訓の読み分けの課題も少しずつ乗り越え、漢字の習得度が上がってきた。また、"算数は得意"とD自身が言うように、算数の授業では離席することがなくなった。テストでは、わからないところがあると「もうやらない」「わからん」と大きな声を出してパニックになるため、ヒントを与えて正解した場合の点数を決めるなどの個別のルールで採点したところ、あきらめないで向かえる場面が増えてきた。朝自習、朝の会、引き続き1時間目の授業など、分刻みで行動を切り替えなければならない時は、何分になったら次のことに切り替えるか決めさせ、ある程度本人が満足いくまで見守ることで少しずつ行動の切り替えができるようになってきた。

　ある日、Dの机の周囲で遊ぶ児童たちが自分の椅子に触ったことでかっとなり、児童の背中を蹴った。「私の場所で遊ぶから腹がたった」と理由を話した。普段から、自分の通る道に他者がいると押しのけたり突き飛ばしたり、自分の机に他児童の物が置いてあると激しく怒ったりすることがあったため、Dには独特な空間把握をするところがあり、パーソナルスペースに侵入されることへの強い抵抗があると考えた。〈前にもこんなことがあったね。Dちゃんは自分の場所に友だちが入ってくるといやな気持ちになるんだね〉とDにはふり返らせ、周囲にも〈自分たちはこれくらい平気と思うかもしれないけれど、Dちゃんにとっては自分の場所や物を触られるといやな気持ちになることがあるんだって。"これ触ってもいい？""机の上に置くよ"と声をかけたほうがDちゃんは安心するかもしれないね〉と橋渡しをしたうえで、Dには背中を蹴ったことを謝るように促すと小さな声で謝ることができた。

《エピソード3：体育科の授業》

　Dは筆者のお手伝い役を、嬉々としてするようになっていた。しかし給食準備や、学習用具の準備などで、他の児童が筆者の手伝いをしようとすると制止したり、まるで教員のように「これをやりなさい。これはやったらだめ」と他児に指図したりするようになっていた。筆者は頼んだことがDのペースで進められていることに気づいていたものの、Dの貢献したい気持ちが学級への適応につながればという思いがあり、Dの強い口調を黙認していたとこ

ろがあった。

　ハードルリレー走の学習中、チームで工夫してハードルを並べ直す時間を設定した。Dは素早くハードルに手を伸ばしたが、周囲の児童が動かずに様子を見ていたことに怒り始め、「なんで並べへんのよ！」「どこに置いたらいいか考え！」と言った。しかし、固まって動かない児童たちに向かって「もう、いい！」と一人の子を突き飛ばし、教室へ戻った。Dには支援員に付き添ってもらい、突き飛ばされた児童の状況を確認した後、筆者はそのまま最後まで授業を続けた。教室に戻ると、支援員に寄り添われ、着替えずに教室に寝転がるDがいた。「みんな大嫌い。もう体育、一緒にやりたくないから」と言う。学級全体で話し合ったほうがよいと考え〈今からみんながどう思っていたのか聞こうと思うけど、Dちゃんはここにいる？　話し合いを聞きたくないと思うなら教育相談室に行ってもいいよ〉と伝えた。Dは動こうとしなかった。筆者としては内心、Dには席を外してもらって、他の児童の率直な思いを十分に聞く必要があると思っていた。動こうとしないDを後ろに置いたままで、今回のトラブルの事実確認をした。続けてDの気持ちを聞くと「もうあんたらとはやらへんし」「何もせえへんやん」と感情的に言った。次に児童たちがDの様子を見ながら何を考えていたのか聞くと、『Dちゃんはいつも一人でやりたがるから』『違うところに並べたら怒りそうだったから』『一緒にやるのが嫌なのかなと思った』と遠慮がちに話し始めた。聞いていて我慢できず「だって……」と口を挟むDに対して〈ピンチ（パニックの意味）と思ったら教育相談室に行ってもいいんだよ。どうする？〉と感情のコントロールを促しつつ、児童たちにひと通り思っていることを発言させた。どの児童もDとのかかわり方に戸惑っている様子が感じられた。〈今の話を聞いていて、Dちゃんとやりたくないとか、無視しようとか、そういういじわるな気持ちではないことがわかったね。じゃあ、Dちゃんはどんな気持ちだったのかみんなで考えてみよう〉と言うと、児童たちは『腹が立つ気持ち』『このクラスのみんながきらい』などDの表面的な言葉の意味をとらえていることがわかった。そのため、間をおいて、〈Dちゃんは寂しかったんじゃないかな〉と筆者から切り出すと、教室の後ろでDが大声をあげて泣き出した。続けて〈Dちゃんは一緒にやりたかったけど、どうやって伝えたらいいかわからなかったんだね。みんなもいじわるな気持ちではなくて、どんなふうに声をかけたらいいかわからなかったんだね。伝え方の問題だっただけで、みんなの気持ちがバラバラじゃない

ことがわかって、先生は安心しました。伝え方は、こうやって失敗しながらも練習すればきっとうまくいくようになるよ。さっきはどうやって伝えたらよかったのかな〉とふり返らせると、『一緒にやろうって言えばよかった』『私にもやらせてって言う』『何本ずつ並べるか決めたらいい』など意見が出された。〈次の体育の授業でうまくできるといいね〉と伝えて話し合いを終えた。

■かかわり合いの経過2をふり返って

　筆者がDの行動の背景にある思いを考えて対応するようになってきた時期です。丁寧に聞き取りをすると、Dはなぜそのような行動をしたのか明確に理由を答えられるということがわかってきました。また自分の思いや行動の理由をきちんと聞いてほしいという思いを強く持っているようでした。エピソード3では、寂しかった思いを代弁した時にDが堰を切ったように感情を表出させたことが大変印象深かったです。"思いを代弁し、周囲とつないでいくこと"をDは筆者に求めていたのだと実感できるエピソードでした。他者視点が持ちにくく自己判断に陥りやすいものの、Dなりの理由をしっかり受けとめることが大事だったのだと思います。その積み重ねの中で、Dにも他者の視点で状況の流れや行動の背景を考える余裕ができ、素直に謝れることが増えていきました。

■その後の経過

《学級の中での所属感の高まり》

　Dなりの成長・変化は見られたものの、イライラして大声をあげたり物にあたったりすることはまだ頻繁にあった。学級の児童たちに、Dのその状態を"ピンチ"という言葉で表し、D自身も困っている状態なので支援が必要であることを説明し理解を図った。子どもたちも『Dちゃんがピンチやから、先生来て』と筆者を呼びに来たり、別室にクールダウンをしに行くと『ぼくもあんなふうにしたくなる時がある』と共感する子どもがいたり、不安定な時のDを理解しようとする言動が見られるようになってきた。また、全職員の共通理解が図られたことで、Dは教育相談担当教諭やフリー教諭、養護教諭などたくさんの教員とかかわるようになっていた。特に、ある支援員と密接にかかわるようになり、個別に頑張りカードを作ってもらって、Dと支援員の間で我慢できたことや、学習で頑張ったこと、苦手だけれど取り組めたことなどをふり返り、ごほうびシールをもらうことに意欲的に取り組んだ。筆者に

も集まったシールを嬉しそうに見せに来てくれた。また、"にこにこお守り"をフェルト布で作ってもらい、Dがイライラした時にお守りの入っている胸のポケットをぎゅっと握るよう声をかけるなど感情のコントロールを促す取り組みを行った。

12月の人権集会で、クラス劇を行うことになった。配役決めで、Dはじゃんけんに負け、やりたい役に当たらなかったため、「もう劇なんてやらない」と外へ飛び出した。筆者はDにすぐには対応せず、他の児童に〈Dちゃん、劇に出ないって言ってるけどどうしようか〉と投げかけた。すると、『全員が出なければ1組の劇にならへん』『先生、呼びに行っていい？』という声が上がった。〈迎えに行ってあげるの？〉と励ましと賞賛の意味を含めて返すと、『ぼくも行く』『わたしも』と多くの児童がDに声をかけに出て行った。Dは大勢に迎えに来てもらい、照れたように戻ってきて座った。じゃんけんに勝った児童は役を譲ってもいいと言ったが、〈じゃんけんの結果を覆すのも、Dのために我慢すればいいと思って譲るのも、何か違うのではないか〉と児童たちに返した。そこで、セリフを分けて一つの役を2人でするという案が出て、Dがじゃんけんに勝った児童と共にその役をすることで決着した。Dには、たくさんの友だちが呼びに来てくれたことや、やりたかった役を2つに分けることを全員が認めてくれたことを、〈ありがとうの気持ちでいようね〉と伝えた。

3学期は特定の女の子たちと距離を縮め、休み時間に共に過ごす姿が見られるようになった。また全校行事では、児童の呼びかけなどの役に進んで立候補して活躍することができた。激しく怒る姿はまだ時折見られたが、気持ちを立て直す時間は早くなっていった。

《2学期以降の保護者とのかかわり》

1学期末に行った教育相談は失敗の結果に終わったことを感じていたものの、再度保護者との話し合いの場を設けることはできなかった。2学期以降、トラブルなどで家庭との連携が必要な場合は、教育相談担当教諭が同席して状況を報告した。また、学級に貢献したことや運動会や校外学習などの行事を友だちと協力して過ごせたことなどは筆者が電話をして伝えた。

3学期に入り大きなトラブルもほとんどなくなっていたが、行事が終わった直後で、疲れがたまっていたのか、些細なことで他児童とけんかになり、互いに暴力をふるってけがをした。"1学期にDに嫌なことを言われて謝ってく

れなかったことが許せなかったから"という理由で、先に相手の児童が手を出していた。この件を保護者と話した際には、Dは3学期には友だちに謝るべき時は全て謝れていることを伝え、先に手を出さなかったことも成長だと思っていることを伝えた。〈素直に謝っておかないと、後で痛い思いをすることもあるんだよ〉とDに話したことを伝えて共に笑い、最後には『ありがとうございました』と言ってもらって学年末を迎えることができた。

7-3 考察

　Dとかかわった1年間は、これまでの教職経験の中でも印象深い1年間でした。Dは非常にエネルギーの高い子どもであり、自分の思いを周りが理解していないことを感じると反抗的な言動や問題行動で激しく突きつけてきたため、担任としての苦悩も大きかったからです。その分、思いが通じ合った時の喜びも大きく、鮮明に覚えている出来事が多くありました。いくつかの危機的状況を経て、Dは少しずつ感情のコントロールができるようになり、学級集団に対して所属感の高まりが見られるなどの変化に至りました。教職大学院に入り、この変化をもたらしたものは何であったのかをふり返って考察することは、今後の実践において意義深いことであると考えました。まず一通りDの様子を記述し、筆者や他の教員が行った支援方法を中心にまとめてみました。Dの変化には、"発達の課題から視野を広げてDの姿をとらえ直し、適した支援を行ったこと"や"校内の教員たちやスクールカウンセラーの支援を得られたこと"が上手く機能したからだと結論づけました。

　この時点で共著者（角田）から「学校場面の"かかわり合い"の視点から、担任がどのような言葉がけや行動をしてきたか、そこで担任が何を感じたのか記述することが大切である」という助言を受けました。筆者はこれまでにも事例をまとめる機会を何度か経験してきました。症例検討や教育研究会などの事例報告です。できる限り多くの客観的データと事実を集めてアセスメントを行い、仮説・指導計画を立て、支援を要する子どもの様子を中心に変容を記述し、アセスメントと指導の再検討を行うという流れでこれまでの事例をまとめていました。あくまで子どもの側に課題を見いだし、そこに効果的に支援を行うための方法を論じるというものです。その経過の中に、子どもとかかわり手の関係性は見え隠れするものの、それを中心に取り上げることはほとんどありませんでした。今回もその手順でまとめ始めた矢先の共著者からの助言でした。

　そこで、Dと筆者の関係が変化するきっかけになったエピソードを思い起こし、その場面のかかわり合いを具体的に記述することを試みました。当時の会話などは詳細な記録がなかったため、曖昧な記憶をそのまま文字にすることにためらいを感じましたが、言動の大枠が事実として合っていれば積極的に記述することにしました。しかし、これまでの事例のまとめ方との違いに戸惑いを感じていました。筆者の感情や主観的な見方を交えて省察することに対しての戸惑いです。主観的な記述から何がわかるのだろうかと心のどこかで疑いながら記憶を辿っていました。しかし、目に浮かぶように蘇る場面が増えていく中で明確に見えてきたものがありました。それは、一貫した"Dの願い"と、それを受けとめきれずに焦ったり悩んだりしながらも"寄り添いたいと努めてきた筆者の姿"でした。Dや保護者との関係がうまくいかず、筆者が悩みもがきながら自ら周囲に助けを求めて、Dの心に寄り添った支援をしようと再スタートを切ったそれらの姿が、2学期以降のD自身の成長やDを取り巻く周囲との関係の変化に結びついたのだと考えるに至りました。つまり「子どもの"わかってほしい"という願いに寄り添い模索しながら向き合う教員としての姿勢」がこの事例を通した学びであると認識を新たにしました。

　教職大学院の授業の事例検討会では参加者たちが「Dと筆者の物語」に耳を傾け、自分ならどのようにその苦境に立ち向かうか、保護者はどのような思いを抱いていたのかなど様々に想像をめぐらせて語ってくれました。また中学校、高校教員の立場からこのような児童生徒を今後どのように見守っていくとよいか助言をもらうことができました。当時のDも筆者も精一杯頑張っていたのだと愛おしく思う気持ちを覚えました。そして、今回の検討会と同様に、勤務校のケース会議においても、同僚やスクールカウンセラーが勇気づけてくれたから、担任としてDと向き合い続けることができたのだろうと当時をふり返って感謝しました。

　学校生活に不適応を起こしている子どもを理解する時、個人の特性や生育環境など学校の外側に問題の原因を求めていると、いつの間にかその原因探しが最大の課題になり、その対処法に詳しい専門家に頼らざるを得なくなります。しかし、支援を要する子どもは教員や周囲の子どもたちと複雑にかかわり合いながら学校生活を送っていることを忘れてはなりません。これらの関係性を抜きにして、子どもを理解することはできないのです。教員は学校において、子どもの対人関係を調整する重要な役割を担っています。かかわり合いにおける省察の意義は、教員自身が子どもとかかわり合う当事者として、持っている力や、強さ、資源を駆使して主体的に問題を解決していこうとする姿勢を持つことにあります。日常のかかわり手がまず主体的な問題への解決姿勢を持つこと

で、専門的な支援を待たずとも前向きな変化を起こせる場合も少なからずあるかもしれません。それでもなお残る問題は、学校外の専門家に委ねればいいのです。学校におけるチーム支援のあり方を考える上で、教員が子どもと共に前を向き、変化の第一歩を踏み出せるような事例検討会の持ち方を校内支援システムとして整備していくことが今後大切だと考えています。

7-4 事例検討のコメント

　ここから筆者（角田）がこの事例検討についてコメントします。本章の事例報告と考察を踏まえ、「事例をまとめる作業」「事例検討会（グループ省察会）」「改めて事例報告を記述する」という作業の流れに沿って考察します。

（1）事例をまとめる作業

　授業で行う事例検討会の前に、共著者（掛田）が自分の研究として、今回の事例を初めて資料としてまとめる時期がありました。その過程の中で、教師の思いや気持ちといった主観的な体験が徐々に書き加えられることになりました。前節の考察にあるように、当初の共著者は自分の主観を書くことに戸惑いを感じていました。一般に、子どもについて検討や報告をするのであれば、子どもの様子のみを書き、かかわり手の気持ちや思いは書かないことが多いでしょう。

　当事者の主観を含めてかかわり合いを記述することは、自分の私的な思いや失敗を開示するため、辛さや恥ずかしさを伴うことがあります。また、科学的な姿勢や教育者としての態度にそぐわないと感じられる場合もあるでしょう。しかし、「実践知を生む省察力」を高めるには、「ふり返りとしての省察」が必要です。事例検討会の場合は参加者や助言者がその働きを担いますが、個人が事例報告をまとめる際には、文章にする作業そのものが自己省察になります。共著者は、それまで心のどこかにありつつも、はっきりと意識していなかったDとのかかわり合いの様々な断片を、文章にしながら浮き彫りにし、関連づけていったようです。当時のDの「わかってほしい」という願いや、共著者自身の当時の思いがはっきり自覚されるようになり、そうした個々の「感情体験」が、相手や自分そして周囲の人たちを動かす原動力になっていたことが省察されています。これは3章の「動機づけシステム理論」に通じており、生きた心を理解する際の出発点になります。人を動かす動機づけは、まず感情として体験されることが多いといえ

ます。

(2) 事例検討会（グループ省察会）

　大学院の授業で行われた事例検討会ではフォーマットを使って事前に作成した資料を
もとに、口頭で発表が行われました。教師の主観を交えた資料作成の経験があったこと
で、どのような教師の主観が事例検討会に必要かの見当が、共著者にはあらかじめついて
いたといえます。

　授業後のレポートで、ある受講生である現職教員大学院生は「子どもに寄り添い、
困っていることを一つひとつ丁寧に取り除いていくことで、子どもが心を開き関係が成
立するのがよくわかった」と感想を書いており、かかわり合いの実際が参加者に生き生
きと伝わる事例発表になっていたようです。共著者自身は「参加者たちが『Dと筆者の
物語』に耳を傾け……様々に想像をめぐらせて語ってくれた」とふり返っています。ま
た、共著者は、かかわり合いについての発表を、文脈のある「物語」*41 ととらえていま
す。つまり、当時の自分自身も登場人物の一人であるかのように客体化して語ることで、
他の参加者が当時の状況を追体験しやすくなったといえます。他の参加者によって傾聴
され、さらには中学校・高校の教師からの意見などの応答がなされたことで、発表者と
してはDの将来への見通しや、自らの実践について肯定的な手応えを得たようです。
これは、発表者である教師自身が周囲から支えられ、自信を持てるようになる自己対象
体験になったといえます。

　かかわり手の主観をデータにするという方法に慣れていない場合には、事例検討会の
前に文章にしたものを、信頼できる他者に読んでもらうなど、実践のふり返りをあらか
じめ経験しておくことが役立つでしょう。そうすることで、子どもと教師自身について
の記述にバランスがとれ、かかわり合いを少し離れて眺めることができるようになりま
す。主観を客体化することが進むほどに、発表は感情体験を保ちつつも、そこから一歩
離れた感覚も同時に持てるようになります。つまり、聞き手や読み手からすると、その
場面を生き生きと臨場感をもってイメージできるようになります。

(3) 改めて事例報告を記述する

　そして、事例検討会の後に、改めて事例報告とふり返りが、共著者によって文章化さ

---

*41　1-11 を参照。

れました。報告は守秘のため修正され、また個人情報にかかわることは全て割愛されていますが、かかわり合いを中心に記述されているため、不満や怒りを抱えつつも生き生きとしたDの姿が伝わってきます。そして、学級担任として、集団と個人の両方にかかわる共著者の焦りや苦悩が率直に語られ、実際の様子が伝わる記述になっています。

2学期初めになり、Dがハサミを持ち出したことから、このままではいけないという担任の思いが強まり、学校に助けを求めることになります。この学校には組織としての学校臨床力の高さがあり、その支えによって担任が腰を据えてDとかかわることが可能になっていきます。「エピソード3：体育科の授業」では、担任は他の児童たちの思いを聞こうとしますが、意図せずその場面にDも残り、結果的に担任が〈Dちゃんは寂しかったんじゃないかな〉と彼女の内面を代わりに想像して語ることになります。この代理内省こそが、コフートの呼ぶ共感で、それを聞いたDは大泣きしています。試みの理解であり、学級の他の児童への「橋渡し」でもある担任のこの言葉は、本当にわかってもらえたというDの自己対象体験になったといえ、個人にも集団にもかかわる教師の学校臨床力を、端的に示した場面といえるでしょう。

ここまで見てきたように、文章化や事例検討会で発表するといった、形式の異なる事例検討を繰り返す中で、個々の出来事の背景にあった文脈が次第に明確になり、生き生きとしたかかわり合いが示されるようになっています。それは教師としてこの事例についての省察の深まりを示しています。今回の省察の最も大事な点は、共著者が述べていた「教師自身が子どもとかかわり合う当事者として、持っている力や、強さ、資源を駆使して主体的に問題を解決していこうとする姿勢」に自ら至ったことだといえるでしょう。それこそが教師の専門性であり、言語レベルの実践知といえるのではないでしょうか。

8章

幼稚園教諭による個別支援

Eの事例
（保育者のための事例検討用フォーマット）

8-1　はじめに

　本章では、個別の支援が必要な子どもの加配保育者となった、中堅幼稚園教員（福本久美子）が事例検討を行っています。5-3で紹介した「保育者のための事例検討用フォーマット」を使って、具体的な個別の取り組みと実践の報告を行います。また、「橋渡し」の考え方を中心に検討がされています。分担執筆としては、8-2から8-5は福本によるもので、8-1と最後の8-6「事例検討のコメント」は角田が担当します。

8-2　本園における支援の観点

　本園において一番大切にしていることは、子どもたちの「自尊感情」を育てていくことです。保育者は、対象児自身が「自分は大切な存在である」と感じられるように接し、信頼関係を深めていきます。その中で、スキンシップをしっかりとっていくことを心がけています。「ふれあい遊びやわらべ唄」「手をつなぐ」「抱きしめる」など何気ない場面においても、スキンシップを意識しています。その際に、保育者自身も対象児とのかかわりを心から楽しむことが重要です。そうした日々のかかわりの中で、その対象児にとって「大切な存在」であり「安心できる存在」となれるように努めています。

　次に、保育者として対象児の行動をよく観察します。今何を思い、何を感じているかなどを想像し、できるだけ対象児と同じ思い、同じ目線で話を進めていきます。コミュ

ニケーションが苦手な対象児に対しては、思いを代弁し言語化することで、気持ちに寄り添っていきます。また、保育者が「橋渡し」の役目を担い、他児との間をつないでいきます。保育者がモデルとなり適切な行動を示し、うまくできた時には「○○が上手に言えたね、すごい！」や「○○が上手にできたね、先生とっても嬉しいよ！」と具体的に認め、次のかかわりへとつなげます。保育者や他児との関係を深めていくことで「安心できる居場所」が生まれ、対象児が「ここにいてもいいんだ」「ここにいると楽しい」と思えて初めて、安定した幼稚園生活が可能になると考えています。

日々の生活にも慣れ、クラスでの活動にも目が向くようになってくると、対象児自身が「やってみたい」と思えるように、保育者が活動を楽しんで見せ、安心して取り組める環境を整えていきます。そのためには、一日の流れや、活動の見通しを明確にすることが必要です。例えば、製作などは手順を視覚的に掲示することで、対象児は安心して参加できる場合があります。しかし、初めから一人で全部やらせるのではなく、保育者と共にできることから少しずつやっていき、完成へとつなげることが大切です。できた喜びを共感され、対象児自身が達成感を味わうという積み重ねが、子どもの「自信」につながると考えています。

対象児とかかわる際に、目の前の姿だけを見るのではなく、長期目標・短期目標をしっかりと据え、ゆっくりとその子どもの歩幅に合わせて支援を考えていくことにしています。また、保護者や関係機関との連絡を密にとり、方向性を一つにまとめる役割を園が担うことにしています。その中でも特に保護者との連携をしっかりととり、保護者自身の「困り感」や「今」に寄り添い、一緒に解決していくことを重視しています。また、担任だけ、加配保育者だけではなく、園全体として専門機関との連携を図りながら進めていくことが、特別支援教育では必須であると考えています。

8-3　事例の概要

■対象児

Eちゃん（女児）。

■入園までの様子

母親によると、乳児期から授乳時や寝かしつけの時に視線が合いにくく、違和感を感じることがありました。呼びかけに反応しませんが、雑音などには反応するため、4か

月時に聴力検査を受けますが、異常はありません。1歳過ぎから乳幼児サークル等にも参加しますが、落ち着きがなく、絵本の読み聞かせや工作には興味を示しません。順番が待てず、制止されてパニックを起こします。また、周囲の子どもに興味を示しません。1歳半健診では視線が合わなかったり、落ち着きがありませんが、問診はクリア（一人歩き、ママなどの有意味語、名前を呼ぶとふり向く等）しており、様子を見ようと言われました。2歳前にトイレットトレーニングを始めますが、いったん知らせるようになりますが、その後反応がまったくなくなります。3歳児健診でも問診はクリアしますが、母親はさらに相談を申し出ます。子ども家庭センターで検査を受け、多動と会話のしにくさを持つ自閉傾向と診断されます。その後、療育センターにつながり、幼稚園入園までの1年弱の間、週1回〜毎日の頻度で通所します。センター所見では、注意の転導性、興味の偏り、対人関心の薄さ、独語・エコラリアといった自閉症の特徴や多動性が見られるとのことでした。

8-4　事例報告

　X年4月より4歳児クラスに入園し、X＋2年3月に卒園しています。担任と加配保育者は2年間変わらず継続しました。ここではその前後を含めた2年半の経過から、①居場所づくり、②橋渡し（保育者と対象児とのかかわりに他児が加わる、保育者と他児とのかかわりに対象児を巻き込む、対象児と他児との間をつなぐ）、③園内の連携、④家庭との連携、⑤専門機関との連携、⑥小学校との連携、とテーマに分けて報告します。①と②では「保育者のための事例検討用フォーマット」を用いて代表的な場面を取り上げます。

■居場所づくり：入園前と進級時

〈No.1〉入園前の居場所づくり（X年1月）

（1）背景となる状況とその時の課題・目標

　4月からの年中への入園を控え、その当時通園していた療育センターに、Eの様子を見学するため二度訪問する（X−1年10月：園長・主任の2名、X年1月：園長・主任（後の加配保育者）・次年度クラス担任予定者の3名）。遊びの様子では、Eは他児とかかわろうとすることはほとんどなく、興味もあまり示さない。園庭での自由遊びの際には、自分のやりたい遊びを順にしている。何にでも興味を示すが、すぐに遊びが変わってし

まい、一つの遊びが長続きする様子はなかった。生活面では、身支度・排泄などはほぼ自立していたが、食事に関しては偏食が目立った。

　一対一でかかわればできることが多いとのことで、加配がつくことや、視覚支援の掲示の仕方、E専用のマークなどを引き続き園でも使用することで、できるだけ安心できる環境作りを目指すことにした。また、入園までの数か月間、週一度の未就園児親子通園クラス（未就園児クラス）に参加してもらい、幼稚園の雰囲気に慣れてもらえるよう母親に促した。未就園児クラスの担当保育者が入園後に加配としてつくことで、Eや保護者との関係を少しでも築き、入園がスムーズに行えることを目標にした。

（2）場面　未就園児クラスの教室

（3）本児の様子と保育者の思い・かかわり・対応

　療育センターの情報どおり、未就園児クラスの教室内でEは落ち着きはなかったが、母親が一緒に参加していたため、安心して遊んでいるようにも見えた。その日の製作などは母親がほとんど作り、Eはおもちゃで遊んだり、手洗い場に登ったりして過ごすことが多く、他児と同じ場面を共有することはなかった。担当保育者一人（報告者）のため、時間内でのEとのかかわりが持てず、Eの様子、親子のかかわりを見る程度であった。保育が終わると園庭に出て、一緒に滑り台をすべったり、少しの時間ではあるがEとの時間を過ごすことができた。保育者との信頼関係を築くまでは難しく、保育者の存在だけでも感じてもらうことに重点を置いてかかわった。

　時間内の様子は、園長・担任予定者・臨床心理士にも伝えた。園生活に慣れるまで、無理強いをして教室に入れたり、課題に取り組ませるのではなく、Eのペースで進めていけるよう話し合った。また、Eはとても人懐っこく、名前もすぐに覚えてくれ、出会う回数が増えるにつれ、保育者の名前を呼んでくれるようになった。登園時は必ず「○○先生！！」と元気よく駆け寄ってきてくれたことがとても嬉しく、4月からの入園にあたり少し安心できた。

（4）ふり返り

　入園が決まり、関係機関と連携をとりながら準備を進めていった。未就園児クラスに通園してもらうなど、Eだけでなく、家庭と園ができる限りかかわりを持つことで、入園までの不安や、課題を共有できたことが良かったと感じる。また、入園にあたっての準備段階で療育センターでの取り組みを幼稚園で引き継げたことが、Eにとってスムーズな幼稚園生活をスタートさせる要因の一つになったと考える。

〈No.2〉進級時の居場所づくり（X＋1年4月）

（1）背景となる状況とその時の課題・目標

　年長へ進級する際には、事前にできる限りの情報をEと共有することで、新しいクラスでのEの居場所を早い段階で見つけていけることを目標とした。できるだけ環境が変わらないよう、同じ階の同じトイレ（トイレはEが落ち着く場所、自分の世界に入れる場所であったため）を使用するクラスにした。また仲の良い友だちや、就学先が同じ園児を一緒のクラスにした。

（2）場面　園舎・教室・トイレ

（3）本児の様子と保育者の思い・かかわり・対応

　新しいクラス・教室の位置などを伝えるために、母子で始業式の3日前に登園してもらった。下駄箱のシールやクラスの場所が変わっていることにすぐに気づき、「ないない……△△組がない！！」と叫びながら、1階から2階へと何度も走って行ったり来たりしながら確認していた。その様子は困っているというよりも、どこか楽しそうな雰囲気もあったので安心した。落ち着くのを待ち、新しい名札を見せ、「Eちゃんは○○組です。○○組はどこでしょう」と声をかけ新しいクラスへと促した。しかし教室にはなかなか入ることができず、新しいクラスを中心に、何度も他のクラスを確認しては戻ってくるという行動をしばらく続けた。Eが戻ってくるタイミングを見て加配が「あ、Eちゃんの名前見つけた！」と誕生日表を指差すと、興味を示し教室の中に入り、自分の名前を見つけとても喜んだ。その後、知っている子どもの名前があることに自ら気づき、同じクラスであることを一緒に確認した。ロッカーの名前を端から何度も読み上げていたので、担任がクラスメートの名前を出席順に番号をつけて紙に書き、声を出して読み始めると側に来て一緒に読み始めた。新しい環境への適応に時間がかかるため、パニックになることを担任とも想定していたが、こちらが想像する以上に早く教室に入り、クラスメートの存在に気づくことができたので驚いた。

（4）ふり返り

　事前に親子で来園してもらうことで、Eだけではなく母親にも安心してもらえたと感じる。また、字が読めるようになっていたことで、変化に気づき確認する作業を、本児自身でできたことが大きいと考える。知っている名前があったことで、不安の中にも「いっしょ！」という思いが楽しみや期待につながり、こちらが予測していたようなパニックも起こらなかったのではないだろうか。

■橋渡し

◆保育者と対象児とのかかわりに他児が加わる：入園時と年中

〈No.3〉入園時：教室に入るための橋渡し（X年4月）

(1) 背景となる状況とその時の課題・目標

　入園当初、教室にスムーズに入室することができず、教室の前の廊下を端から端まで、Eは保育者と追いかけっこをしながら行ったり来たりして遊んでいた。保育者の促しでなく、他児との遊びの延長上で抵抗感なく自ら教室に入れることを目標とした。

(2) 場面　教室前

(3) 本児の様子と保育者の思い・かかわり・対応

　もっと遊びたいという気持ちからか、教室にスムーズに入室することができず、教室の前の廊下を端から端まで加配保育者と追いかけっこをしながら、行ったり来たりして遊んでいた。その様子を見ていた子どもたちが興味を示し「Eちゃん、お部屋に入るよ！」「待て待てー！」とEを追いかけ始めた。はじめは加配も一緒にEを追いかけていたが、両者共にとても楽しんでいる様子だったので、遊びから離れた。Eはこのやり取りが嬉しく声を出し笑いながら、何度も繰り返した。その中で、いつもEに優しく接していたK（女児）がそっと手をつないだ。するとEは嫌がる様子もなく、離れないようにぎゅっと握り返し喜んでいた。Kに「手をつないでくれて、とても嬉しいって言ってるよ。ありがとう」とEの思いを保育者が代わりに伝えると、Kはとても喜んだ。手が少し離れただけで、必死につなごうとするEの姿が見られ、行動は一方通行ではあるが、友だちとのつながりを楽しんでいるように見えた。

(4) ふり返り

　気持ちの切り替えがなかなか難しく、教室に入ることをとても嫌がり、自ら入室することが困難であった。大好きな友だちとのやり取りの中では楽しさや嬉しさが優先され、うまくいく姿が見られた。場面によっては保育者の言葉かけではなく、子ども同士の場合のほうがEにとってはスムーズに受け入れられた。

〈No.4〉年中：他児の名前を覚えるための橋渡し（X年5月）

(1) 背景となる状況とその時の課題・目標

　幼稚園生活にも慣れ、目にするものすべてに興味を見せ始めた。物に名前があることを知るとともに、他児にも一人ひとり名前があることに気づくことを目標とした。Eは他児を指差し「これ何？」と加配に尋ねだした。「お名前は？　と聞いてごらん」と加配が言うと、Eは自分の名前を答えてしまう。今までもチャンスがあれば同じように友だちに名前を聞くことをしていたが、いつもEは自分の名前を言って、そこでやり取りが終わっていた。

(2) 場面　教室

(3) 本児の様子と保育者の思い・かかわり・対応

　いつものように名前のやり取りが始まるが、この日は、名前を尋ねた相手のL（男児）が、Eが答えるより先に「L」と名前を答えた。Eは驚いた様子であったが、加配が「よかったね、L君っていうんだって。覚えておこうね」と言うと、とても嬉しそうにしていた。そのやり取りを見ていた周りの子どもたちが、ぞくぞくと集まってきたので、一人ひとりにEと一緒に「お名前は？」と尋ねた。するとみんな丁寧に名前を教えてくれた。その繰り返しのやり取りを楽しむうちに、Eはいつの間にか自分の名前を言うこともなく、自ら相手に名前を尋ねることができるようになっていった。質問するEも、答える他児もとても楽しそうであった。加配がただ繰り返すよりも、Eが他児とのやり取りから学ぶ力を持つことを認識することになった。

(4) ふり返り

　物と人に対しての言葉の使い方の区別が難しかった。その都度場面に合った言葉の使い方を知らせ、うまくいった場合は褒め、間違った時は具体的な方法を知らせることを繰り返した。そのやり取りの中、実際に子どもたちの中で成功体験をすることで、加配の説明と行動がピッタリと合い、Eがよりよく理解して適切な言葉になった。その後、ますます他児に興味を持ち、クラス以外の子どもたちにも声をかけ、名前を覚えていった。

◆保育者と他児とのかかわりに対象児を巻き込む：年中と年長

〈No.5〉年中：他児の見方を変えるための橋渡し（X年11月）

(1) 背景となる状況とその時の課題・目標

　個人持ちの積み木の片づけに戸惑う他児の援助を加配がしていた。この積み木はいろいろな形・数を組み合わせ、パズルのように決まった場所に入れないと片づけられない。この頃クラスの3分の1ほどしか自分で片づけることができなかった。一方、Eは加配と二、三度経験することで、一人で素早く片づけられるようになっていた。Eに他児の手伝いを依頼することで、他児たちがEを『自分より小さな子』と見はじめた状況の変化を目標とした。

(2) 場面　教室

(3) 本児の様子と保育者の思い・かかわり・対応

　M（男児）が積み木の片づけの援助を加配に求めてきたので、Eに「M君お片づけが苦手なんだって、Eちゃん、お手伝いしてくれる？」と促した。Eが素早く片づけていく姿に、周りにいた他児たちが「すごーい」と口々に声をあげた。片づけ終わると自然に拍手が起こり、「Eちゃんすごいね、ありがとう」とMだけではなく、周りの他児から声をかけられ、Eはとても嬉しそうにしていた。子どもたちに「Eちゃんが頑張っていること、できるようになったことを見つけたら先生に教えてね」と伝えた（その後、見つけた他児は嬉しそうに加配に報告してくれるようになった）。これをきっかけに、片づけの時間になると、子どもたちから「Eちゃんにお願いしよう！」という声が聞けるようになった。

(4) ふり返り

　子ども同士のかかわりのほうがうまくいき始めていた頃であった。と同時に両者のかかわり方がどうしても「小さい子」へのかかわりになっていることについて、担任とよく話していた時期でもあった。ついつい「Eちゃんのお手伝いしてあげて」「○○へ連れて行ってあげて」と保育者が声をかけてしまっていた。「～してあげて」という表現の仕方ではなく「一緒に○○しよう」など、同じ目線での声かけが適切であったと反省する。このエピソードをきっかけに、Eだけではなく、クラスみんなで困っていたら助け合うことを話し合った。E自身も、泣いている子どもにハンカチを差し出したり、教室に入れない子どもに「どうしたの？」と側を離れず何度も声をかける姿が見られるようになっていった。周りの子どもたちとのやり取りから、自ら行動に移していくEの姿を見て、Eが本来持つ大きな力・優しさを改めて感じた。

〈No.6〉年長：苦手に取り組むための橋渡し（X＋1年5月）

（1）背景となる状況とその時の課題・目標

　昨年の経験から、これはできる・これは嫌と自分で決めてしまいやすいため、『嫌＝苦手』となると、なかなか取りかかることができない。特に製作ではハサミを使うことを嫌がった。その日の課題を全部一人でやるのではなく、できるところを自らの意思で加配と共にやり遂げ、達成感を味わうことを目標とした。

（2）場面　教室

（3）本児の様子と保育者の思い・かかわり・対応

　見本の鳩時計に朝からとても興味を示し、「かっこう、かっこう」と真似をしていた。製作の準備もスムーズにできた。しかし実際製作が始まるとトイレに行き、ドアの窓からこちらの様子を伺っていた。加配はEからよく見える場所に移動し、Eと一番仲の良いNと鳩の鳴き真似をしながらできるだけ楽しそうに進めていった。ハサミが苦手であるが、のりにとても興味を持っていたので、「さあ、のりで貼ろう！」とEに聞こえるぐらい大きな声で言い、のりを指につけて見せた。すると慌てて「Eもする！」とトイレから飛び出し、製作を始めた。一緒に最後まで取り組み担任に嬉しそうに見せにいくと、「Eちゃんすごい、とっても上手にできたね！　みんなEちゃんできたよ」と担任がクラスの他児たちに見せてくれた。すると、「かわいい」「じょうず」と声をかけられ嬉しそうに加配の側へ戻ってきた。「やったね、上手にできて嬉しいね」と声をかけ、達成感を共に味わった。この日々の繰り返しが、本児の自信につながっていったと考える。

（4）ふり返り

　一度苦手意識を持つと、なかなか拭えずにいた。無理強いをしてもEにとっては逆効果であるので、いかにしてその活動に興味を持ってもらうかを考えた。活動自体に取り組むことが目的ではなく、『達成感』を味わうことが本児にとっては大切であり、そうした支援のあり方を考えていった。

◆対象児と他児との間をつなぐ：年中と年長

〈No.7〉年中：他児と手をつなぐための橋渡し（X年5月）

（1）背景となる状況とその時の課題・目標

　他児とのかかわりを多く求めるようになり、突然手を握ったり、抱きついたりしてしまい、相手に嫌がられたり、困惑されたりする。しかし、Eは相手の様子には気づかず、思いを押し通してしまうため、他児に逃げられてしまう。自分の気持ちを言葉で伝えることを目標とした。

（2）場面　　園庭

（3）本児の様子と保育者の思い・かかわり・対応

　二手に分かれている滑り台の一方にEが座った。もう一方の滑り台にN（女児）がやってくると、Eは突然Nの手を握り滑りだした。Nは驚いていた。Eには「手をつないで滑りたい時は『手をつなごう』と言おうね」と伝えた。またNには「ごめんね、Eちゃんは手をつないで滑りたかったの」と思いを伝えた上で、もう一度Eと一緒に声をかけるので、応えてもらうように促した。実際に保育者と共に言葉を添え、Nから「いいよ」と応じてもらい、手をつなぐ喜びを体験した。

（4）ふり返り

　他者に興味を持ち始めると、自分の気持ちを抑えることができず行動してしまう場面が増えていった。その都度場面に合った行動を具体化し、実際に加配と一緒に経験していった。うまくいった成功体験を増やしていくことで、行動パターンや、言葉の使い方が増えていった。

〈No.8〉年長：教室とトイレの橋渡し（X＋1年6月）

（1）背景となる状況とその時の課題・目標

　入園してしばらくすると、トイレへのこだわりの強さが見えてきた（在籍中2年間継続）。トイレはEの世界であり、誰にも邪魔されず、安心して何かに取り組める場所と考えられた。いつもの場所が使用中であったり、そこから誰かが出てくると、それも許せず泣き出しパニックになってしまう（いろいろな場面で泣き出したり、パニックになることがあるが、トイレでのパニックが一番長く泣いており、元に戻りにくい）。年長になってからあまり見られなかったが、園外保育など環境が変わると、うまくいかないこともあった。臨床心理士に相談したところ、Eの世界と他児の世界をつなぐ道を作ってみてはとアドバイスをもらった。教室がEにとって安心して過ごせる場所になることを目標とした。

（2）場面　教室とトイレ

（3）本児の様子と保育者の思い・かかわり・対応

　トイレから、教室につながる場所にEと一緒に大好きなピンク色のテープを2本引き、「Eちゃんのお家と、○○組みんなのお家はこの道でつながっています」と保育者が伝え、ドアを閉めてもつながっていることを確認した。すると、Eはとても嬉しそうにテープの上を通り、周りの友だちに「皆おいでおいで」と声をかけた。この日を境に、教室で落ち着いて過ごす姿が多くなっていった。

（4）ふり返り

　Eの世界と他児の世界があることは理解していたつもりであった。Eの世界を大切にしながら、どのようにして他児の世界（教室）で安心して過ごせるのかは大きな課題であった。ビニールテープで道を作ることで安心できる場所が具体化されたと考える。たった1本のビニールテープであるが、Eにとっては大きな一歩を踏み出せるきっかけとなった。その後、一日の生活の中で教室で過ごす割合が驚くように増えていった。

■園内の連携

　入園前に2回、園長、主任、担任予定者が療育センターにおけるEの様子を見に行き、それらを参考にして、園内で入園に際しての具体的な準備等の話し合いが始まった。視覚支援の準備や、Eが好きな物や色を把握して、そこからロッカー等のマークを準備した。

　Eにとっての加配保育者と担任では、時間の経過と共に距離感に差が生まれてきた。担任は、「29人みんなの先生」であった。その距離感をどうするかは悩みどころであり、担任に対するEの「先生」という認識がなくなってしまわないか、加配保育者としては心配であった。製作などで作品ができたら「先生（担任）に見せに行こう」と加配保育者がEに促したり、クラスから離れる時は必ず担任に聞きに行くようにするなど、活動の節々でかかわるタイミングをつくっていった。担任自身も今日は何をするか朝に声をかけたりすることで、Eとかかわるタイミングをつくっていった。クラス全体を見なければいけないという立場もあって、毎日密にかかわることは難しかったが、担任も頃合いを見て他児と一緒にかかわって遊ぶ時間もつくっていった。

　担任とは毎日小さなことでも話し合う機会をつくり、Eの様子・言葉・興味・嫌がったこと・タイミングなどを報告し合い、共に今後の支援の仕方を考えたり、変更することができた。実際、悩みながらのスタートだったので、毎日加配保育者も担任も試行錯誤しながら過ごしていた。しかし、そうした話し合いを繰り返す中から、次第に方向性を見いだし、Eが本来持っている力を伸ばしていけたのではないかと思う。

■家庭との連携

　入園当初、父親は、幼稚園としてEにどのようなサポートが可能なのか、「同年代の子どもたちとのコミュニケーションが取れないこと」や「順番が待てないこと」等たくさんの心配を抱えていた。無理強いしてでも、通園する2年間でできる限りの改善を求められ、Eの困り感が受け入れられない様子であった。園としての具体的な支援方法を園長が説明し、無理強いすることがEにとって逆効果であること、Eの歩幅に合わせた支援方法がより良い成長を促すことを加配保育者から伝えた。また、時間が許す限り、幼稚園に様子を見に来てもらうことなどをお願いした。母親から連絡ノートの提案があり、小さな成長もしっかり認めてもらえるよう加配保育者が毎日記入し、家庭と園の共通理

解に努めた。このやり取りの中で、保護者の思いに寄り添うことができたように思う。また、連絡ノートをヒントに支援方法を考えることもできた。

　一つひとつの行事で見せるＥの頑張りや成長を目にしていくことで、徐々に父親の考え方に変化が現れていった。行事が終わり父親に「頑張ったな」と声をかけてもらうと、とても嬉しそうにしていたＥの姿が印象的であった。

■専門機関との連携

①療育センター：入園前まで（③の言語訓練で再通所）

　　入園前に２回、入園後の５月に１回連絡会を設ける。特に入園後では、実際の幼稚園生活を見てもらい、一緒にＥの課題や支援の仕方についての意見交換を行った。

②通級教室：入園後から約２年間・週１回

　　年に３回連絡会を設ける。１回目は学期初めに通級担任教師が来園。Ｅの様子を見てもらう。２回目は本園加配保育者が通級教室でＥの様子を見学。３回目は学期終わりに幼稚園に通級担任教師が来園。次年度に向けての課題や取り組みについて意見交換を行う。

③言語訓練：年長時から約１年間・週１回（療育センター内）

　　就学前に加配保育者が訓練の様子を１回見学する。訓練内容やＥの様子、また就学に向けての課題や取り組みについて意見交換を行う。

■小学校との連携

　就学前に３回、入学後２回連絡会を設ける。１回目は実際の保育風景を学校担当者に見学してもらう。後の２回はＥの現在の様子や実際の支援方法について話し合う。また、保護者に了解を得て「サポートブック」を作成し、学校担当者に渡すことにした。「サポートブック」の作成は保護者と相談し、園での支援方法は加配保育者が、家庭での支援方法は母親が作成することにし、どちらか一方に偏ったものにならないように気をつけた。

8-5　加配保育者としての考察

Ｅの成長は他児とのかかわりの中で育まれてきました。当初はＥからの一方的なかかわ

りで、他児に興味はありますが、うまく遊べない日々が続きました。クラスの他児たちも、どのようにかかわっていけばよいのか戸惑いがありました。加配保育者（以下、加配）も両者をどのように橋渡ししていくか、迷いながらのスタートでした。他児たちの遊びにEをただ促すのではなく、お互いの遊びを保育者自身が楽しむことで、自然に少しずつではありますが両者が近づいていったと思います。遊びの中のトラブルも、両者の気持ちを言葉で伝えていく役割を加配が担うことで、時間はかかりましたが解決でき、楽しめるようになっていきました。しかし、Eのこだわりの強い部分が、時に他児たちを困らせてしまうことも見られました。そうした場合は、その場に居合わせた他児たちが持っている疑問点を加配が説明し、「今、泣いているのは、ただ嫌なだけではなく、仲良く遊びたいのに遊べないことが悲しくて泣いてるんだよ。みんなと楽しく遊べるように頑張ってるんだよ。応援してあげてね」と説明しました。その後、担任がクラス全体に同じことを説明し、子どもたちと話し合う場を設けました。このような日々の繰り返しによって、Eの居場所がクラスや、友だちの中に生まれていったと考えられます。

「橋渡し」としての役割は、簡単なようでとても難しく、対象児・他児どちらか一方の思いだけが強い場合はなかなかうまくいきませんでした。徐々にコミュニケーションがとれてくると、保育者が直接声をかけるよりも、子ども同士のやり取りのほうがうまくいくことも増えました。しかし、同じ子ども・グループばかりになると、負担が集中してしまい、我慢をさせてしまう場合も少なからずあったのが現実です。そのような偏りができるだけ起こらないように、子どもたちの様子を担任と見守りながら、クラス全体でかかわりが持てるよう配慮しました。E自身、他児とのかかわりが増えていくにつれ、コミュニケーション能力だけではなく情緒面も大きく成長していきました。また、Eとのつながりから、クラスの他児たちも同じように大きく成長していきました。なかなかクラスに馴染めなかった別の園児にとっては、Eへのかかわりという役割を持つことが自信になり、本来の自分を発揮するきっかけともなりました。どちらか一方の成長ではなく、クラス全体で大きく成長していく姿が生まれ、保育者として大変嬉しく思いました。

加配だけがかかわりを持つのではなく、担任と連携を保ち信頼関係を築けたことは、特別支援において重要な側面でした。また、園全体の理解が得られたこと、関係機関との連携や、専門家からの定期的なアドバイスをもらえたことなど、いろいろな目線からの支援方法を考えられたことが偏った支援にならず、本来持っていたEの力を引き出すことができた要因になったと考えられます。保育者にとっても、Eにとっても、よい環境でしたが、これは初めから整っていた環境ではありません。関係機関との連携はお互

いが歩み寄り、行動していってこそ築かれていくものです。それをつなげてくれたのは、Eの母親でした。母親の強い思いと行動力、そしてEの頑張りが幼稚園と関係機関を動かし、環境を整えていったと考えられます。その恵まれた環境に感謝し、その思いに少しでも応えることができるよう加配として筆者も努めたつもりです。初めてのことばかりで、戸惑いながらの2年間でしたが、Eの成長に一番近くで携われたことはとても幸せなことでした。保育者として、Eとのかかわりの中でたくさんのことを感じ、筆者自身も多くを学ぶことができました。

8-6　事例検討のコメント

　ここから筆者（角田）がこの事例検討についてコメントします。加配保育者（以下、加配）として、共著者は入園前から卒園までじっくりとEにかかわり、同時に保護者や関係機関との連携についても中心的な役割を担い、とてもきめ細やかに支援を行っていることがわかります。

　加配は、温かくEにかかわろうとする「受容性」を前面に持ちつつ、冷静に子ども理解を重ねることや、周囲との環境調整を行うといった、Eを受けとめるための枠組みを維持する「厳格性」を背景に持ちながら、Eの支援を行っているといえます。学校臨床力の確かさが、個人としてもまた組織としても示されている事例といえるでしょう。

　具体的なかかわりの特徴は、加配自身が、子どもたちとの「かかわりを心から楽しむ」姿勢にあるといえます。その様子は、事例報告の随所に描かれています。もちろん、就学以前の子どもたちが対象であることや、加配の個性も関係しているでしょうが、学校臨床力として大切なことは、教師（保育者）が子どもとのかかわりを、どれくらい生き生きと体験しているかということです。これは1-5で述べた教師の「自己一致」や「自然さ・本心のまま」にかかわっています。

　Eは加配との関係をどのように体験していたでしょうか。子どもが「自分とかかわることをこの人（加配）は、自然に本心から喜んでいる」と感じられるなら、自己対象体験が拡がる可能性が高まります。つまり、子どもは、自分が認めてもらえたり、気持ちが落ち着いたり、自分は他人と同じだといった感覚を、関係の中で体験する機会が増えていきます。Eは、加配との関係を通して、自分ができることを少しずつ増やし、幼稚園の中で居場所を見いだし、自尊感情（自己肯定感）を高めっていったといえます。

　もちろん、加配もいつも楽しめるわけではありません。加配が焦ったり、不安を感じ

たり、悩んでいる様子が報告の中には見られます。しかし、焦りや不安に圧倒されてしまうのではなく、その時の小さな課題を一つひとつ焦点化し、周囲と話し合いながら、Eや他の子どもたちと共にやれそうなことを模索しています。

　Eと他児をつなぐ保育者の「橋渡し」の実際が、事例報告に描かれています。Eと他児たちがお互いに関心を持つようになり、次第に加配を介さなくてもかかわり合うようになっていく様子が見られます。こうしてE、クラスの子どもたち、加配、担任、他の職員というように、Eを取り巻く関係性は「安心できる居場所」として、少しずつ拡がりと深まりを持つようになっていきます。

　実は筆者自身も、この幼稚園の臨床心理士として継続的なかかわりがありました。Eがいた年中・年長の各クラスが、各々の1年間を通じて、Eと共に本当に温かい集団に変化していったのが印象的でした。幼稚園の小さなクラスの中の変化ですが、共生社会とは、こうしたかかわり合いの積み重ねによって実現していくことを、筆者自身が目の当たりにすることができました。

9章

若手大学院生による省察の工夫

F・Gの事例
（プロセスレコード）

9-1　はじめに

　本章では、プロセスレコードを使った省察について紹介します。その当時、学部新卒の教職大学院生だった共著者（柴崎朱音）が、実習や塾講師の経験をふり返るためにプロセスレコードを初めて使って、自己省察とグループ省察会を行った内容をまとめています。分担執筆としては、9-2から9-5は柴崎によるもので、9-1と最後の9-6「事例検討のコメント」は角田が担当します。

9-2　プロセスレコードの報告

　本節では筆者（柴崎）が大学院の専門実習で印象的なかかわり合いのあった生徒と、講師を務めていた個別指導塾の生徒とのかかわり合いをプロセスレコード[42]で表しました。これらの事例を選択した理由は、かかわり合いの中で起こっている変化が著しく、なおかつ2つの事例でのかかわり合いが対照的であったためです。事例1については作成したプロセスレコードを参考に筆者個人で省察を行い、事例2については教職大学院

---

[42]　プロセスレコードとしては、フォーマットの（3）〜（6）を用いています。ふり返りとしての省察は、文章化されています。

生と教授を交えた複数の人間でグループ省察会を行いました。なお、個別の事例については実習校等の了解を得た上で、個人が特定されないように配慮し、必要最小限の子どもの様子や言動のみを記述しました。

9-3 事例1：実習でのかかわり合い

■プロセスレコード（中学生男子F　専門実習の授業）

(3) 子どもの言動 (発言「　」の他、行動・態度や表情なども記述する)	(4) 私が感じたこと・考えたこと	(5) 私の言動 (発言〈　〉の他、行動で示したことも記述する)	(6) 分析・考察
●出会い ①初めて会った時に隣の席に座っているP君のボールペンを勝手に取って使おうとしていた。	②入学して間もない授業で遊んでいるのは初めのうちに指導しておかなければ今後の指導が通りにくいのでは。	③（席に近づいて）〈人のもの取ったらあかんやろ〉	初めて交わす会話で筆者という教師への印象がほとんど決まってしまうので、もう少し思慮深い指導が必要だった。
④「取ったんちゃうし！誤解やろ…」とやや不服な様子。	⑤しまった。初対面でまだ関係ができていないのに、いきなりきつめに言い過ぎたかもしれない。	⑥フォローの言葉はかけずにその場を立ち去る。	
●日々のかかわり合い	⑦このままでは関係が悪いまま今後の授業をしていかなくてはならない。なんとかして関係を作らなければ。まずは積極的に話しかけていこう。	⑧〈おはよう〜〉〈昨日の宿題どうやった?〉〈今日はちょっと寒いな〜〉等積極的に話しかけるように。	
⑨（挨拶に対して）頷く、「うん」「まぁ」「せやな」といった簡素な返答。教師と喋るよりも隣のP君と遊びたい様子。			

（3）子どもの言動	（4）私が感じたこと・考えたこと	（5）私の言動	（6）分析・考察
●筆者の初授業 ⑩教壇で準備する筆者を見て「なんで先生そこに立ってるん!? 今日から授業するん!?」と反応する。	⑪とても驚いた。筆者が思っているよりもF君は筆者の動きを見ているのかもしれない。教壇に立つことで興味を持ってくれて嬉しい。	⑫〈そうやで〜よろしくな〉	筆者を見ているというよりも周りの状況をよく見ている。気にしているのではないだろうか。筆者の行動ではなく、いつもと違う教室の状況ということに敏感に反応したのではないだろうか。
⑬「へぇー…」と言い、授業が始まるとまたP君と遊びだす。			
●漢字の居残り補習時 ⑭合格点を取るまで帰ることができないのだが、初めのほうでF君が「俺ってやってもできひんタイプやから〜」と冗談ぽく言っていた。	⑮冗談ぽく言うが自虐的な発言はやめてほしいという思いと、頑張る前からそのようなことを言わないでほしいという思いがあったので、一度頑張るための手助けをしよう。	⑯〈今日この時間とりあえず一回頑張ってみ？ それからやっぱりできひんかったら一緒に別の方法を考え直してみよう〉	自虐的な発言は基本的に誰にも言ってほしくないというのはわかるが、この時点でのF君の発言はそこまで自虐的ではないような気がする。
⑰三度目の再テスト採点の様子を見ながら「おお!」「これもいけた!」と反応し、合格点が取れると「よっしゃ〜できた!」と喜んでいた。	⑱採点を他の先生ではなく筆者に頼んでくれて嬉しい（採点は数人の先生で行い、空いている人に生徒が持っていく）。今回は頑張ったようなので合格してほしい。	⑲（丸をつけながら）〈おお!〉〈すごい! これもできた!〉合格点が取れると〈ほら! やればできるやん!〉	
●授業1 ⑳授業中「なんで今日はプリント授業なん？プリントにする意味はあるん？」など些細な	㉑プリント配布中で忙しかったので今些細な質問をされて少し困ってしまった。しかしせっ	㉒〈今日から何回も同じ図を使ったり、授業ごとに皆がどんなことを考えたのか回収して	その他、ノートの書き方、表記の仕方などの些細な質問が多かったことが印象的だが、

129

(3) 子どもの言動	(4) 私が感じたこと・考えたこと	(5) 私の言動	(6) 分析・考察
ことも筆者に聞いてくるようになる。	かくこちらに興味を持ってくれたチャンスでもあるので真摯に答えよう。	チェックしたいからやで〉	これは筆者とコミュニケーションをとろうとしているとも捉えられるのではないだろうか。
㉓「あー、そっかー。なるほど」			
●授業2 ㉔作文を書く授業でいつもはあまり書かないのに原稿用紙の7割を埋める程度、自分の力で書いていた。	㉕いつもは適当な言い訳や話を逸らしたりして課題に取り組まないのに今日はめずらしい。ところどころアドバイスはするが基本的に自分の力で書いてくれているのでとても嬉しく、褒めたいと感じた。	㉖〈今日頑張って書いてるやん〉〈文章の構成もちゃんと守られているな、すごい!〉	F君にとってはとても頑張ったが、周りの子と比較すると周りはもっと趣向を凝らして書いているのにF君だけ褒め過ぎているのではないか。

■事例1についての考察

　プロセスレコードを用いた省察によって、次のような気づきがありました。まず、プロセスレコードを見ると、Fに対する筆者の言動が著しく少なく、一声返すのみの反応が比較的多いことがわかります。つまり、Fとの言語的コミュニケーションがあまりないことに気づきました。⑯⑲の発言については、放課後で時間の制限があまりない時だからか、会話のキャッチボールはなされていますが、その他については必要最低限の言葉で返答するという特徴がみられます。しかし、言動の前にある「私が感じたこと・考えたこと」の欄については、発言を受けて思いを巡らせている印象が強く、思考したのちFに言葉で伝えようとする際に、なんらかの抑圧があるのではないか、という見方もできます。これは、筆者自身が無意識にFに対して「構え」の姿勢を取って、自然な形ではないかかわり合いをしていたということではないでしょうか。また、会話の発信がFからということが比較的多いことにも留意したいと思います。⑧の発言以外は、基本的にFの言動に対して筆者が気づいて反応するのではなく、Fが筆者に対して発信した言動に返答するという「受け身」なかかわり合いが目立ちます。これらは筆者とFとの

関係性に着目した見方ですが、次にFの言動の変化に着目して考察を行います。

　Fの言動の変化が著しいと感じたのは、⑰の漢字テストで合格点を取れた時からだと考えられます。これ以降は授業や課題に対しても投げやりにならず、前向きな姿勢を見せているのではないでしょうか。この点についてコフートの自己心理学[43]理論を用いて分析すると、漢字の居残り補習の場面で筆者の⑯〈一回頑張ってみよう〉〈できなかったら一緒に考え直そう〉といった発言がFの自己対象体験になっていると考えられます。

　自己対象とは、その人の自己を支え、生き生きとした感覚を提供するような応答性を持った存在のことを指しており、子どもの周囲の人（保護者、家族、教師、友人など）や人間以外にもペット、趣味など、様々な存在がその役割を担うとされています。また、自己心理学では「共感」も重要視されています。これはかかわり手が相手の状態を感じ取る機能であり、相手の状態に波長を合わせつつ、時に直観的にまた時に経験に照らしながら、相手の内的状態を想像的に理解する働きであるとされています。この共感によってなされる自己対象体験を得ることで、人は自分に自信を持ったり自分を認めたり実感することができ、それが自尊感情や自己肯定感を形成するといえます。Fにとっての自己対象として筆者が機能していくことで、Fの自尊感情・自己肯定感は高まっていきます。それが漢字テストに向けて頑張るといった姿勢を促し、なおかつその頑張りも合格という成果を残すことができたので、さらにそれも自己対象体験となった、という流れをこのプロセスレコードから読み取れるでしょう。

9-4　事例2：個別指導塾でのかかわり合い

■プロセスレコード（中学生男子G　塾での英語の授業）

（3）子どもの言動 （発言「　」の他、行動・態度や表情なども記述する）	（4）私が感じたこと・考えたこと	（5）私の言動 （発言〈　〉の他、行動で示したことも記述する）	（6）分析・考察
●授業1：塾での初めての授業 ①塾で出した宿題を忘れてくることが続く。	②なぜいつも忘れるのだろうか、少し苛立ち	③〈今日宿題忘れちゃったのはなんで？〉	

---

*43　3章を参照。

（3）子どもの言動	（4）私が感じたこと・考えたこと	（5）私の言動	（6）分析・考察
	も感じるがまずはきちんと理由を聞いて宿題ができるように調整したい。軽い口調で聞いてみよう。		
④うつむいて黙ったままで反応がない。	⑤黙られてしまうとこの後どう話を進めていけばいいかわからないので困る。こちらからいくつかありそうな選択肢を出してみよう。	⑥〈宿題でどこすればいいかわからんかった?〉〈ノートなくしたん?〉〈やる気なかったん?〉〈勉強だるいと思うならそれはそれでいいねん。勉強嫌いってことに対して怒ったりはしないし、G君ができることをちょっとずつしたいと思う〉	いったんは焦らずに寄り添おうという気持ちだったにもかかわらず、その後待つことができずにしびれを切らして話を終えてしまったことが少し惜しいように感じる。
⑦何も反応がない。	⑧別に叱りたいわけではないけれど、こうも拒否されるとだんだんとイライラしてくる。もうこの時間が無駄な気がしてきた。今日はとりあえずやめよう。	⑨〈もういいから、次からはちゃんとやってきてね〉	
●授業2 ⑩次の週も宿題をやってきていないしやらない理由も教えてくれない。	⑪いつも人からできていないことを責められているのだろうか、それで理由を言う勇気がないのだろうか、では原因追求よりも先にどうにかして少しだけでも宿題をやってこられるようにすべきでは。出題の方法を変えて、プリントにして宿題をわか	⑫〈このプリントの空欄を埋めてきてね。わからなかったところはあけておいていいけど1題につき1問はちゃんと解いてね〉〈G君は授業中にやったところはちゃんと自分で解けるようになっているから宿題もきっとできる〉〈今日はこの表現	

（3）子どもの言動	（4）私が感じたこと・考えたこと	（5）私の言動	（6）分析・考察
	りやすくしたらやってきてくれはしないか。	だけ覚えてくれたらそれで十分〉	
●授業3：宿題の提出時 ⑬次の週、くしゃくしゃになったプリントをきちんと提出してくれた。	⑭きちんと持ってきてくれて嬉しい。くしゃくしゃになって、ところどころ書いていないところもあるが、席についてまず鞄から取り出してくれたということは自分がちゃんと宿題をやってきたぞ、という意識があるということか。この気持ちをきちんと褒めてあげよう。	⑮〈ちゃんと持ってきたやん! すごい! やればできるやん!〉〈先週これだけ覚えて! って言ったところもできてる! 素晴らしいこと!〉	言葉を交わしてコミュニケーションするだけが大事なのではなくて、その子の時間の流れのようなものに寄り添って一つずつ課題をクリアしていくことが大切であるし、それによってきちんと応えてくれる場合もあるということがよくわかった。
⑯あまり表情は変わらず、ニヤリとしている（基本的にいつも困ったようなニヤリとしたような顔をしている）。	⑰表情は変わらないのでどう思っているかはわからないが、宿題を持ってきたということは絶対に彼の中で何か前向きな気持ちが動いているはずだ。		
⑱授業中、わからないところがたくさんある。	⑲解けなくても今はいい。解けない時に外界をシャットアウトしているような感じがあるのでまずは解けないことに対してポジティブに考えていけるようにしよう。	⑳〈ここは前一回やったところやから覚えておいてほしかったな〜! でも今回覚えて次は自分でできるようになればいいから!〉	
●授業4：学校の定期テスト後の授業 ㉑前回は32点だったので今回は40点を目	㉒結構頑張っていたのにこの点数はなぜだろ	㉓（点数に対して）〈あれ?! どうしたの!〉	「点数を上げる」という塾としての役割は果た

（3）子どもの言動	（4）私が感じたこと・考えたこと	（5）私の言動	（6）分析・考察
指すという目標で授業や宿題に取り組んでいた。しかし、定期テストの結果は17点。テスト後塾で一緒にやり直しをするのだが、他の講師からはいつも持ってこないと聞いていた。しかしきちんと持ってきてくれていた。	う。ここで点数が上がっていたらさらに自信につながっていったのに。とはいえ、まずはいつもテストを持ってきてくれないのに、今回はすぐに出してくれたということがとても嬉しい。成長していると感じる。		せていないが、長い目で見てこの子自身の成長や勉強への取り組みの姿勢が少しずつ変わってきているのではないだろうか。また、無反応ということに対して感じ方、考え方が変化したのは私とこの子が今まで一緒に取り組んできた時間が蓄積したから考え方が自然と変化していったように思う。
㉔反応がない。	㉕ここで悔しいと感じてほしかった。しかし今回の無反応は何か思案している気がする。というよりも、もしかしたら今までも何か思案していてそれが言葉にならなかったから伝えられなかっただけなのでは？	㉖〈もう終わったものは仕方ない。今日はきちんとテストを持ってきてくれているから、しっかりやり直しして次につなげていこう〉	
㉗やり直しをしていくと「この問題はつづり間違えちゃった」「この問題は〇〇（熟語）っていうのと勘違いしちゃった」と自分からなぜ間違ったかを分析している。	㉘ものすごく成長している。筆者は一問ずつ目を向けさせることしかしていないのに、自分の力でやり直しができている。これは、今すぐに伝えなければ。	㉙〈ちょっと！G君ちゃんと自分のできなかったところがなんでできてないかわかってるやん！すごいやん！〉	
		㉚やり直しを終え〈この点数、どう思う？〉	

（3）子どもの言動	（4）私が感じたこと・考えたこと	（5）私の言動	（6）分析・考察
㉛「40点には届かんけど、もうちょっと丸もらえたと思う」	㉜自分でやり直しをして自分でそのように考えられるとは素晴らしい。	㉝〈その通り。それに前回よりも点数が下がっているけれど、それでもなんとなく丸暗記して点数を取るよりもちゃんと自分でわかって点数とれるほうがずっと大事やと思う。だから先生は今回G君が頑張ったことも、これから頑張ろうと思っていることもとてもわかったよ〉	

■事例2についての考察

　事例2については、まず個人で考察したことについて述べます。その後、グループで省察した内容をふまえた考察を述べます。まず、今回のプロセスレコードを見ると、筆者からGに対しての働きかけが非常に多いということがわかります。事例1と比較してみると、よりその特徴が顕著です。事例1では生徒Fの発言に対する筆者の返答が多かったのに対し、事例2では生徒Gの行動に対して教師である筆者側から発言が始まっていることが多いという特徴があります。また、Gの言動に対して筆者が反応する際、感じたこと・考えたことをもとに最終的にどのような言動を取るか、という思考のプロセスが「〜しよう」といった前向きなものが多く、ここからもGに対して「何か働きかけをしたい」という思いを感じ取ることができます。

　次にグループでの省察をふまえた考察を述べます。グループ省察会では「分析・考察」で使用されている「時間の流れ」という言葉を、どのように解釈していくかという視点があがりました。「その子の時間の流れのようなものに寄り添う」という思考が生まれたのは、Gに対する筆者の見方、捉え方が変化したためではないかという意見が出ました。これは㉕「今回の無反応は何か思案している気がする」といった感じ方にも言えることで、同じ④⑦㉔の「反応がない」は、Gに変容があったのではなく筆者がGに対して見方を変えたりしながら、より注目することで変わったようにみることができた、ということでした。しかし、この④⑦㉔に対しては別の意見もあり、一見いつもと同じ「反

応がない」という状態に見えるものの、実は本当にいつもとは違う雰囲気をまとっている（具体的には少しだけいつもと目線が違う、姿勢が違う等）のではないかという意見もありました。それを筆者が直観的に察知したため「何か思案している」ように感じたのではないか、ということです。つまり変化を生み出す（あるいは創造する）発信源が教師側か生徒側かという差異ですが、どちらにせよ教師側には変化を受信するための準備段階となる「見方を変える」等の意識的な変容が必要であることは言うまでもありません。

　加えて、グループで話し合っている時に、筆者が気づかされたことがあります。それは教師にとっての自己対象体験もこのかかわり合いの中で起こっていたということです。⑫で筆者がGのためだけにプリントを作成した後、⑬ではくしゃくしゃになったそれをGは持ってくることができました。これは第一に、プリントを作るという行為がGにとっての自己対象体験となっており、それによって宿題をやって持ってくる、という行動につながりました。そして第二に、自分が作ったプリントをGが持ってきてくれたということが、筆者にとっての自己対象体験になり、結果的に相互的な自己対象になったことでその後の良好なかかわり合いにつながったのではないでしょうか。

9-5 　事例1と事例2をふまえた考察

　2つの事例を通して特徴的だったのは、それぞれの事例での筆者のかかわり方が非常に対照的であるということです。この背景としては、筆者とそれぞれの生徒がどのような環境でかかわり合いを持っているかということと、教師と生徒との人間的な相性がどのようであるかということが考えられます。

　事例1については専門実習における教室での一場面が多く、筆者と生徒Fが一対一という状況でかかわり合っていることは少ないです。加えて、実習生としてのかかわりが意識され過ぎているため、一歩下がった働きかけになりがちなのではないかと考えられます。一方の事例2では筆者と生徒Gは、常に個別指導塾の授業において一対一でかかわり合うことが多く、外的な影響を受けづらい状況です。「反応がない」といった現状を打破したいと考えた時、こちら側が働きかけを行わなければ何も変化が起きないので、積極的なかかわり方がなされたのだと考えられます。また、人間的な相性としては筆者がどのような教師であるか、それに対してそれぞれの生徒がどのような性格で筆者に対してどのような印象を持っているのかということも加味したいです。人間的な相性がある、と言ってしまうと簡単になりますが、その相性という言葉を追求していくと実

は「自己対象として働いているかどうか」が関係しているとも考えられます。一方が何か言動を発信した時の反応が、共感的で自己対象として働いていれば、たとえそれが永続的でなくても相互的に好意的な印象を持ちながらかかわり合うことができるのではないでしょうか。

　どちらのかかわり合いがより望ましいのか、どのようにかかわり合っていくべきだったのか、という問題解決的な見方ではなく、経験や関係の枠組みを作ったり経験の中にある様々な事象に気づけるということが、省察における最も重要な意義なのではないでしょうか。あるかかわり合いに対して、そこでどのようなことが生起しているのかについて気づく、もしくは枠組みを作るということは「事象を捉える目を持つこと」、つまり「認識すること」ができるということです。そして、それは自分や他者やその関係性など、あらゆるものを理解することにつながります。認識することができれば、ある事象に対して自分がどのようにアプローチするかを考えることができたり、認識することによって自分が今やっていることの意味がわかり、学校臨床力の生成・伸長につながると考えられます。

　最後に、今回プロセスレコードを用いた省察の中で発見したことについて述べます。それは、自分自身の「ものの見方」や「関心の所在」についての癖です。筆者は、プロセスレコードを作成する際に初めに記述する欄が「子どもの言動」であることが非常に多かったです。何かしらのきっかけで作成者の心に留まっている記憶としてのかかわり合いが、子どもたちの問題行動であったり作成者が困ったりしたことであるのは自然なことですが、その時に自分がどう感じたか、どのような態度、表情で行動をとったのかを想起して書き起こしていく作業が非常に困難でした。ここから、筆者の関心が主に自分自身ではなく、相手である子どもに向いていることが多いといえるのではないでしょうか。このように自分自身についても理解を深められた、という点においてもプロセスレコードの意義を見いだすことができました。

9-6　事例検討のコメント

　ここから筆者（角田）がこの事例検討についてコメントします。筆者は、教師が報告者となる事例検討（会）にこれまで多くかかわってきました。その中で、中堅以上の教師であっても、省察的な事例検討に慣れていない場合は、具体的な教師と子どもとのかかわり合いが報告されないことが多くありました。つまり、子どもの特徴や事実経過は

述べられますが、教師のその場での体験や具体的な当事者同士のやり取りを含むエピソードが描かれないのです。こうなると、せっかくの事例報告が、教師の省察としては深まらなくなってしまいます。

　そのため、「事例検討用フォーマット」では、教師の感情や思考など主観を書けるようにしました。このフォーマットを使うようになって、かかわり合いが見える事例報告は増えましたが、それでも時に教師と子どもの具体的なやり取りが見えにくい場合もありました。かかわり合いそのものが描かれるにはどうしたらよいか、とその後も筆者は考えを巡らせていました。

　共著者（柴崎）が、先行研究（山口・山口, 2004）を見つけ、教職大学院の実践研究としてプロセスレコードを用いたのはこうしたタイミングでした。生徒とのかかわり合いをプロセスレコードにまとめ、共著者が初めてゼミで発表した（事例2を発表し、他のゼミ生と共に検討した）際には、その場面が生き生きと筆者にも想像できました。子どもの様子のリアルさとともに、教師（事例2では塾講師）がそこで何を感じ考えていたのかが見えることで、教師の言動の意味がとてもよく理解でき、その場の2人のかかわり合いが想像しやすかったといえます。

　前節で共著者は、2つの事例をふり返りつつ、かかわり合う2人の「相性」について、お互いの自己対象として働く「至適な応答性」や「わかり合いとしての共感」[44]の視点からユニークな考察をしています。これは、共著者自身の「実践知を生む省察力」として役立つといえます。また、問題解決のための「方法」にばかり目を向けるのではなく、何が問題として起こっているかに「気づくこと・認識すること」の大切さを考察していることも、子どもとかかわる感性として大切なポイントになるといえるでしょう。さらに最後に、共著者が述べているように、自分自身のあり方・癖を認識することは、自己対峙に欠かせない要素です。

　プロセスレコードとは、具体的なかかわり合いのエピソードを、比較的経験の浅い者でも容易に整理して示せるところに最大の特徴があります。どれほど短い小さなやり取りの場面であっても、そこではある教師とある子どもとのかかわり合いが生じており、それを自己省察する手段としてプロセスレコードは有効です。また、書かれたプロセスレコードを資料として用いることで、指導者や同僚といった他者との対話を通したグループ省察会も行いやすくなります。

＊44　3-7を参照。

事例検討用のフォーマットとしては、プロセスレコードを組み入れることによって、エピソードを記述する項目が加わり、「事例検討用フォーマット改訂版」へと進化することになりました。初心者は、まずプロセスレコードだけを用いて、気になる子どもとのかかわり合いの場面をふり返ることから始め、教職経験を重ねる中で、次にフォーマット全体を使って、生育歴や家族歴といった背景を踏まえた事例検討に移行していくことが、学校臨床力を磨く一つの方向性になると思います。

10章

中学校担任による事例検討（会）の経験

Hの事例
（事例検討用フォーマット改訂版に基づくプロセスレコードを中心に）

10-1　はじめに

　本章では、中堅の中学校教員（上良祐子）によるプロセスレコードを使った省察を紹介します。この事例は、教職大学院の授業で行われた事例検討会（グループ省察会）で発表されたものです。実際の授業では「事例検討用フォーマット改訂版」を使って発表されましたが、ここでは事例の概要は文章でまとめ、プロセスレコードはその時に用いられたものを報告します。事例報告の後の10-3では、グループ省察会で発表した経験がまとめられています。分担執筆としては、10-2と10-3は上良によるもので、10-1と最後の10-4「事例検討のコメント」は角田が担当します。

10-2　事例報告

■対象となる生徒

　中学校3年生男子H。筆者（上良）は3年時の学級担任。

■この場面へ至るまでの経過

　Hとは中学1年時に教科担任として出会っていました。Hはとても人懐っこく明るい性格ですが、まだ幼く子どもっぽい印象でした。思ったことをすぐ口にしてしまい、時々その場にそぐわない発言をしていました。数校の小学校から新入生が集まる中学校

だったため、初めて出会う他の子どもたちは彼のことを少し怪訝そうに見ており、発言力のある子たちには言い負かされていました。学習面では、授業は真面目に聞いているものの理解が進みにくく、提出物もきちんと出せることが少なく、言い訳を繰り返していました。小さいトラブルをよく起こし、部活動も続きにくく嘘をついて休むようになりました。これらのことを総括し、筆者自身の中では「手のかかる困った子」として印象づけられていました。

　1年生の冬頃、授業でジョン・レノンの歌である"Happy Xmas (War is Over)"を取り上げました。戦争で傷ついている子どもたちの姿を背景に曲が流れるプロモーションビデオをみんなで見終わった時、彼は言葉が出ないくらい号泣していました。その瞬間に私の印象が「なんて感受性の強い素直な子」に変わったように思います。たくさんの子どもたちが心を揺さぶられるビデオで、毎年子どもたちに見せているのですが、ここまで号泣して自分の思いを表した子はいなかったこともあり、私の中で特別意識する子になりました。「素敵な感性やね」と言葉をかけました。それからはこの感性を生かしてほしいという思いでかかわっていたように思います。2年生になり教科担任でもなくなり、廊下で会うと言葉を交わすくらいの1年間を過ごしました。その間クラスでトラブルを起こしたり、嘘をついたり、やはり提出物が出せないなどの話が耳に入ってきて残念に思っていました。

　3年生になり担任となります。1年生の時に感じたように、感性の素敵な素直な子という思いでした。相変わらず提出物は出せず、他の生徒たちからも少し評価が低いことが気になっていました。学級の様々な仕事を積極的に手伝ってくれてとても助かり、教育相談や普段の会話で、夢がお笑い芸人であることなどを話すようになっていました。他の生徒のHへの接し方がきついと思うことも時々ありましたが、本人との話では「大丈夫。友だちもおるし」ということだったので、重くは受け止めていませんでした。気づかないうちに彼の中でいろいろなことが積み重なって、2学期途中の今回の場面となります。次にその時のプロセスレコードを示します。

■Hとのプロセスレコード

(1) エピソード・タイトル　（生きていてくれてよかった）
校種（中学校）　学年（3年生）　性別（男子）

(2) この場面を選んだ理由
Hが無断欠席をしたことで、Hが抱えている苦悩に向き合うことができました。 　子どもたちは私たち教員の見えないところで心が揺さぶられています。小さい揺れ、大きい揺れが彼

らを襲っています。頭ではわかっていたことですが、この生徒と向き合う中で実感として感じることができてきました。

　生徒はその数々の揺れを何とか自分で処理しようとしますが、どうしてもできなくなった時に「死」が頭をよぎります。本当に「死ぬ」とかそういうことではなく、絶望からの脱却としての選択肢に「死」があるということを目の当たりにしました。もし、あの時いつものように嘘だけをとがめていたら、どうなっていただろうかと思うと、とても怖くなります。大げさだという教師もいるかもしれません。しかし、その選択肢へ行くまで子どもたちが追い詰められているということを、心に留めておかなければならないと思います。

（3）子どもの言動 （発言「　」の他、行動・態度や表情なども記述する）	（4）私が感じたこと・考えたこと	（5）私の言動 （発言〈　〉の他、行動で示したことも記述する）	（6）分析・考察
①2日間自分で学校に電話をしてきて欠席する。テストもあったので2日休んだ後は毎日学校へ来ていた。提出物のことで他教科の教員が電話をして母親が休んだことを知らなかったことから無断欠席が発覚。	②はじめに聞いた時は、また「嘘つき病」が出たと、嘘をついていたことに怒りを覚える。次に嘘をついてまで休んだ理由を考えてみた。いつものように提出物ができていないからか…。もしかしたら違う理由かもしれないから、とにかく聞いてみよう。		母親は知ってるという彼の言葉を鵜呑みにし放課後に家庭連絡をしていなかった。他教科の教員が電話をしていなかったらずっと彼の苦悩には向き合えなかったと思うと恐ろしい。1日の休みでもきちんと対応するべきである。
③会議室に呼び出す。		④〈何で呼ばれたかわかる？〉	
⑤「提出物のこと？テストが悪かった？」		⑥〈違う。テスト前2日間休んだよな。それ、お母さん知らなかってんけど…〉	
⑦「あっ…」（やばい…という顔をしている）		⑧〈なんで嘘をつくの？嘘をついたらアカンし、自分をごまかすこともアカンと何度も話してきたよね〉	
	⑨嘘をついたことだけに怒っているので、本	⑩〈とりあえず、嘘をついたことだけが私は悲	

（3）子どもの言動	（4）私が感じたこと・考えたこと	（5）私の言動	（6）分析・考察
	当の理由が知りたいということを伝えよう。	しい。で、何で休んだのか聞かせてほしい〉	
⑪「学校に行くのが嫌になった。家は出るけど苦しくなってくる」		⑫〈学校が苦しい理由は?〉	叱らずに、君のことが知りたいという姿勢で向き合ったら、叱られる恐怖はなくなり、信用し心を開いてくれた。
⑬「Q君に馬鹿にされる。お笑い芸人になりたいし、いっぱい研究して一発芸とかもするけど、笑ってもらえへんし…夢は叶わないんちゃうかとかいろいろ不安になって…」		⑭〈なんでお笑い芸人になりたいの?〉	
⑮「東北の震災とか泣いてる人がいっぱいいて、先生の授業に出てくる子どもとかも大変で、しんどい状況の中でも、笑顔にしてあげたいと思った」	⑯お笑い芸人になりたいのは知っていたがそんな理由があったことに驚いた。応援したいと思った。	⑰〈素敵な理由やんか。めちゃくちゃ素敵。クラスのみんなはきっとそんなことも知らないよな〉	関係のないようなことだが、知っておきたいと思い聞いたら、思わぬ収穫。
⑱「でも勉強もできへんし、何してもうまくいかへんし…人と会うのが怖くなってきて、出かけても人の目が怖くなて、誰にも見られない家にいることが一番楽やった…こんなにしんどいんやったら、死んで	⑲衝撃! そんなに苦しかったとは知らなかった。死んでしまおうと思うとはよっぽどの苦しみ。その苦しみをまず受けとめることが必要だと考えた。とにかく聞くことに徹した。共感の返事をしながら	⑳〈ごめんな…そんなに苦しい思いしてたんやね。Hへの当たりが強いのはわかってたけど、Hがそこまでしんどかったなんて気づいてあげれなくてごめん。全然いいクラス違うな。情けないな〉	

（3）子どもの言動	（4）私が感じたこと・考えたこと	（5）私の言動	（6）分析・考察
しまったほうがいいような気もしてきてた…ずっとがんばって笑ってた」	聞いていた。泣きながら話す彼の心に触れ涙が出た。		
	㉑周りの言動や、成績や評価で下がってしまっている自己肯定感をあげることが大切だと考え、彼の良さをいろいろ話そうと思う。	㉒〈あんな、Hは何も悪くないんやで。Hはほんまにいい子やと先生は思ってる。例えば授業でした悲しい出来事に共感して涙を流せるところとか、人に対して優しいところとか、夢があって、叶えるために努力しようとしてることとか…勉強は苦手かもしれんけど、そんなん、たいしたことじゃない。それ以外の良さをみんな持ってるし、Hも持ってる〉	何も悪くない、と言った瞬間号泣したH。ずっとできない自分を責め、言われても仕方ないと言い聞かせていたのだろう。でも、心の底で納得できず苦しんでいたようだ。
㉓「そんなん言ってもらえると思ってなかった。誰にも相談できなかった」（彼の目に力が戻ってきた）	㉔自分の価値を低く見積もって夢も叶わないとマイナスになっているので、夢が叶う可能性を話して、希望を持たせたい。	㉕〈夢は叶う〉（というような話をしていたように思う）	自己肯定感はなかなか自分自身であげられるものではない。だからこそ、そばにいる教員が、それぞれの個性を見いだしかかわることが大切。
㉖「何か元気出てきた。生きててよかった。話してよかった」		㉗〈生きててくれてよかった。明日から学校来れる？ 私も上手にこの話クラスに返していいか？ Hの夢の理由をみんなに話してみよう〉	

（3）子どもの言動	（4）私が感じたこと・考えたこと	（5）私の言動	（6）分析・考察
㉘「来れる。自分で話すのは泣いてしまうし無理かもしれん…先生に任せる」			

（7）私がこの場面から学んだこと

　子どものSOSは、いろいろな方法で出されていることを知りました。そして、子どもたちは周りの子どもたちの言動にすごく影響されやすいものです。それは人格形成や自己実現に大きく影響します。マイナスの言葉を受けた子どもは自分自身に負い目がある場合、自分のことを責め続け、自分の可能性を完全に見失ってしまいます。そして、その苦しみを誰にも話すことができません。誰かに話すことはできませんが、無意識のうちにSOSを出しています。小さな変化からのSOSを決して見逃してはいけないと思います。子どもたちが笑っているから大丈夫、というわけではありません。一人ひとりの生徒が、友だち同士でどんなかかわり方をしていて、どんな言葉が行きかっているかも丁寧に見ていく必要があります。そして、変化があった子どもとは話す時間をとることの大切さもわかりました。この場面を通して自分自身の認識の甘さを痛感しました。

10-3　グループ省察会を通じて感じたこと

　今回プロセスレコードとしてまとめ、グループ省察会で事例検討をしたことによって、自分が見えていなかったことを認識することができました。それはまず生徒の姿です。表面上の彼という人物ではなく、彼の内面で起きていることを見つめることができました。この事例の一場面の彼ではなく、彼が抱えてきた心の葛藤も含めた彼の丸ごとを知ることができました。"Happy Xmas" に反応する彼の心の中に、映像の中の傷ついた子どもたちと同じように傷ついた彼がいること。提出物を出せなかったり、お笑い芸人になりたいのに、みんなを笑わせられない自分にダメ出しをして自分を批判している彼がいること。これらの彼の姿を知ることができたのは、グループ省察会にいた臨床心理士の大学教員らの見解があったからです。教師という仕事をしていると日々の対応に追われ、一人ひとりをそこまで深く掘り下げることができていませんでした。しかし、子どもたちはいつも何か信号を出しています。この信号に気づいた時こそ、教師は教師という立場をある意味捨てて、人として生徒に向き合うことが大切であると感じることができました。プロセスレコードはある場面の切り抜きではありますが、一場面を見せる以上の力を持っています。

　プロセスレコードはまるで目の前で行われているように書かれているので、現場を想像しやすいですし、子どもや教師の心の動きを考えやすいと思います。子どもの心の動きだけでなく、教師自身の心の動きにも焦点を当てることで、その時は気づかなかった感情的な面や冷静な面を省みることができました。しかし、やはり自分だけでは見えないことが多いと思います。このプロセスレコードを見たグループ省察会のメンバーに質問してもらい、考えるからこそ出会えた、子どもの丸ごとの姿や自分の子どもに対する思いや願いでした。

10-4　事例検討のコメント

　ここから筆者（角田）がこの事例検討についてコメントします。共著者（以下、担任）にとって、この事例の意味は、プロセスレコードのタイトルである「生きていてくれてよかった」に最も示されているように思います。この場面でHと話し合えたことで、担任は想像さえしなかった彼の思いを聴くことになります。生徒についての理解が深まった場面であると同時に、担任自身が強烈な衝撃を受けた瞬間でした。

　事例検討・省察の目的とは、2章で検討したように、まず「子どもの心の動き（自己調節）」を、次に「教師自身の心の動き（自己調節）」を、そして最後に「かかわり合い（関係調節）」について、ふり返っていくことです。

　まずHの心の動きですが、担任とのこれまでの関係があり、今回は思いを聴こうとする⑫の担任からの言葉かけもあって、Hは正直に思いを語り始めます。このような場がHにはとても必要だったようで、誰にもHの思いは伝えられていなかったようです。担任の姿勢は、Hの思いを受けとめる役割、つまり自己対象[45]として働くことになりました。

　お笑い芸人を目指す努力が報われないことから、Hは他人が怖くなり、生きていることが辛くなり、嘘をついて学校を休んだのでした。Hの話を担任が受けとめ、さらにHの良さを認める応答を返すことで、Hの内面では、㉖「何か元気出てきた。生きててよかった。話してよかった」と変化が起こり、安定を取り戻すことになっていきました。つまり、自己調節がうまくなされるようになりました。

---

*45　3章を参照。

　次は担任の心の動きです。Hが学校に来にくいわけを聞いた担任は、お笑いを目指す理由をHに尋ねます。Hは、震災で泣いている人や、担任が中1の時に見せたミュージックビデオの悲しむ子どもたちを笑顔にしたいと言います。担任はそれを聞いて、Hと自分の共通点を改めて感じさせられ、心を動かされたようです。さらに「死にたい」ほど追い詰められた彼の状態に気づかなかったことを、担任は心から申し訳なく感じます。担任は、ミュージックビデオで号泣した彼の感性や、お笑い芸人を目指す動機の素晴らしさについて、自分がどう思ったかを懸命にHに伝えています。

　2人のかかわり合いは、活力を失いまとまりがなくなったHの自己に対して、担任が少しでもその状態から回復できるように、関係調節を試みるやり取りだったといえ、それが成功したといえます。担任は自己対象の役割を担おうと、Hが思いを正直に語れる場を提供しています。そして、Hの思いを受けとめ、その意味を照らし返していきます。担任の思いとしては、自分の理解の浅さを感じさせられたからこそ、真剣にHの心情を聴こうとし、さらに正直に自分の思いをHに話したといえます。そうした担任の必死さがあるからこそ、「自然さ・本心のまま（authenticity）」のやり取りが、2人の間で展開したのだと思います。

　学校現場で使われるフレーズに「生徒指導は、生徒理解に始まり生徒理解に終わる」というものがあります。これは、教師が子どものことをわかったつもりになったとしても、それはごく一部の理解であって、かかわりを深めていくほどに、新たな気づきや理解が加わっていくもので、生徒指導とはその繰り返しであることを表しています。この事例検討は、まさに生徒理解の重要性と、それに伴う教師の自己対峙が、学校臨床力の要であることを示しているといえます。

11章
小学校担任による
プロセスレコードを用いた事例検討
Iの事例

11-1 はじめに

　本章では、中堅の小学校教員（堀内大輔）によるプロセスレコードを使った省察を紹介します。この事例は、教職大学院でプロセスレコードのレポートとしてまとめられた事例がベースになっています。ここでは、事例報告の理由と省察は改めて文章化されていますので、プロセスレコードのフォーマットの (3)～(6) のみを記します。分担執筆としては、11-2 と 11-3 は堀内によるもので、11-1 と最後の 11-4「事例検討のコメント」は角田が担当します。

11-2 事例報告

■この事例を選んだ理由とその紹介

　筆者（堀内）は、初任から数年間、学級経営で何度も失敗をしてきました。原因は様々で、授業が上手くいかなかったり、高圧的に指導して子どもとの関係がうまくいかなかったりしたことです。逆に、毅然と指導できず、緩慢とした雰囲気の教室を作ってしまったこともあります。筆者はそんな状況に危機感を抱き、校内で積極的に研究授業をしたり、校外の学習会に参加したりして、何とか指導技術を上げようとしました。休日は先進校の視察に行き、指導方法が紹介された文献を手に取り、「指導の引き出し」の数を増やそうとしました。この学びは一定の成果があり、少しずつ安定した学級を作れ

るようになってきました。I（男児）は、そんな時期に出会った子どもでした。

　筆者がIを知ったのは、当時の勤務校に赴任してすぐの頃でした。4年生だったIは、廊下でその時の担任教師を相手に暴言を吐き、殴りかかろうとしていました。筆者が慌てて止めに入ったところ、体に触れた手を噛まれました。強烈な出会いでした。その後、Iの起こす数々の問題行動により、学級はすぐに授業が成立しない状況に陥りました。Iは、校内では「課題の大きい児童」と見られていました。学校も組織で対応を試みましたが、成果は出ず、学級は厳しい状況の中で年度末を迎えました。

　そんな1年間を終え、5年生になったIを筆者が担任することとなりました。Iの言動や考え方は、筆者のそれまでの教師生活のフレームの内側では理解できないことが多く、悩み、考えることも多かったです。プロセスレコードに記述した場面は、どれも自分がこれまで積み上げてきた「指導の引き出し」を開けて、いわゆる"セオリー"に従って対応したものではありません。むしろ、Iは、そのような汎用的な手法では子どもと真正面から向き合い、理解することはできないことを、まざまざと筆者に突きつけました。そしてIは、子どもと素のままに向き合えなくなっていた筆者自身の固着した観念に気づかせ、子どもとの向き合い方や教育観を見直すきっかけを与えてくれました。ここでは、そんなIとのかかわり合いを象徴するような3つの場面（出会い、漢字の書き取り、木登り）について示します。

■プロセスレコード

〈No.1〉出会い（4月初め）

(3) 子どもの言動 （発言「　」の他、行動・態度や表情なども記述する）	(4) 私が感じたこと・考えたこと	(5) 私の言動 （発言〈　〉の他、行動で示したことも記述する）	(6) 分析・考察
①始業式後の学級活動の時間。担任が初めて学級の子どもたちの前で話をする場面。座席から立ち上がり、私の前まで来て「お前の言うことなんか聞かんからな」と言う。	②私がどう反応するかを確かめる試し行動だろう。同時に、学級の他の児童に対する牽制とも取れる。しかし、Iの言葉は嘘偽りのない本当の気持ちがこもっている。	③〈言うことを聞かせようなんて思ってないよ。それはIだけじゃなく、みんな同じ。この学級を、みんなにとって楽しい学級にするために、自分たちで考えて学級を作るんだ。その手助けをするために先生はここに立っている〉と言う。	一瞬座らせることも考えたが、試し行動にせよ全身で思いをぶつけてきたIに対し、私も担任としての思いを本音で伝えようと判断した。

（3）子どもの言動	（4）私が感じたこと・考えたこと	（5）私の言動	（6）分析・考察
④席に戻って座る。落ち着きはなかったが、その後は離席や妨害をすることなく話を聞くことができた。	⑤席に着かなかったり教室を離れたりすることも予想されたが、話を聞いている。	⑥放課後、〈今日はよく頑張って座って話を聞けたね。えらかったぞ。これから1年間よろしくね。少し話して帰らない?〉と声をかける。Ｉはだまって頷いた。	事前情報からはＩは衝動的に動くと感じていたが、むしろ逆で、納得や理屈で動いているのかもしれない。
⑦前年度まで困っていたこと、嫌だったこと、つらかったことを本音で話してくれた（前担任に何でも決めつけられて悪者にされた。信じてもらえなかった。話を聞いてくれなかった等）。家庭での母親からの虐待、ネグレクトの厳しい状況についても話。5年生で頑張りたいことは「椅子に座って授業を受けることだ」と話す。「我慢できなくなったら1年に2回だけ教室から逃げるかもしれないけれど、許してな」と言う。	⑧驚いた。予想以上に周りのことも、自分のことも見えているし、それを言葉にして話す力も持っている。初日から心を開き、自分のことを話してくれたことについて嬉しく思う。教室の中では素直に出せなかったが、学年が変わり、心の中では切り替えて頑張ろうと思っていたのだ。1年間、責任を持ってＩを支えよう。	⑨前の担任を否定することだけはしないように注意しつつ、共感的に話を聞いた。こちらの目を見つめながら話す子だったので、こちらもメモを取らず、しっかりと目を見て聞いた。話してくれたことに感謝し、〈1年間、最後まで責任持って担任するよ。一緒に頑張ろう〉と伝える。	Ｉは自分の隠したいこと、恥ずかしいこともさらけ出して話をしてくれた。これまで学校でも家庭でも自分を認め、受け入れてもらった経験をしてこなかったので、認めてくれる大人を求めていたのだと思う。Ｉとの良い出会いの日になったと思う。

〈No.2〉漢字の書き取り（6月頃）

（3）子どもの言動 （発言「　」の他、行動・態度や表情なども記述する）	（4）私が感じたこと・考えたこと	（5）私の言動 （発言〈　〉の他、行動で示したことも記述する）	（6）分析・考察
①漢字の書き取りの宿題をやってこない。「漢字の宿題をやってくるのを忘れました」	②頻繁に宿題の提出を忘れるので、これは注意しなければならない。	③〈また忘れたの。なぜ繰り返してしまうんだ〉	

（3）子どもの言動	（4）私が感じたこと・考えたこと	（5）私の言動	（6）分析・考察
④ふてくされたように「漢字なんか何でやらなあかんの?書く意味ないやん。俺そんなん書かんでも覚えられる」	⑤確かに書き取りの課題はあまりできていないのに、Iは漢字をよく覚えている。しかし、学級全員に出している課題だから、Iだけしなくてよいというわけにはいかない。	⑥〈それはそうかもしれないけど、みんなやってるんだからやらなきゃだめだよ。それに、コツコツ課題をやることで、粘り強さとかやりきる力が身につくからね。そのためにも頑張らなきゃ〉	自分の出している課題の是非を問い直さず、「出された課題はするもの」「みんなが同じように学習するのが当然」と固定観念で考えていた。Iの素直な考えに対しても全く説得力のない指導をしている。
⑦「先生、それはおかしいやん。漢字の宿題は漢字覚えるためやろ。漢字をもう覚えられてるのに、それでも絶対せなあかんって、おかしいやん」	⑧Iの話にも一理ある。しかし、やはりIだけ特別扱いはできない。ここは納得できるように説明しなければ。	⑨〈みんな頑張っているからね。Iもできる力持ってるんだから頑張らないと。学校の勉強って、勉強の力だけのためにやってるんじゃないからね〉	
	⑩そうは言ったものの、説得力はないなあ。自分の言っていることは正しいんだろうか。		
⑪「先生がしろって言うなら俺はするよ。嫌やけど。するけど、こんなん意味ないしな。嫌々でもやれっていうなら、やるけど、こんなん勉強ちゃう」	⑫いや、このままではだめだ。Iが「勉強じゃない」というのは、その通りだと思う。もう一度課題について考えてみよう。	⑬〈ちょっと待って。先生、自分の言っていることが本当に正しいかもう一度考えてみる。Iの言うことがすごくよくわかる。少し時間をください。無理にさせようとして悪かったな〉	⑪で、Iが「納得していないが先生の言うことは聞く」と話したことが胸に刺さり、踏みとどまり、自らの指導、考え方を見つめ直すことができた。
	⑭宿題は家庭学習の習慣をつけるためにやっている面もあるが、覚えている漢字をひたすら書かせるのは学習ではない。個々に合っ		

(3) 子どもの言動	(4) 私が感じたこと・考えたこと	(5) 私の言動	(6) 分析・考察
	た課題の出し方を検討してみよう。		

〈No.3〉木登り（11月頃）

(3) 子どもの言動 （発言「　」の他、行動・態度や表情なども記述する）	(4) 私が感じたこと・考えたこと	(5) 私の言動 （発言〈　〉の他、行動で示したことも記述する）	(6) 分析・考察
①些細なことで友だちRとトラブルを起こし、殴ってしまう。	②珍しいな。担任をしてからIが手を出したのは初めてだ。	③〈なぜケンカになったんだ?〉事情を聞く。双方に自分が悪かったところをたずねたところ、Rは自分の非を認めた。しかし、Iは押し黙る。〈手を出したのは良くなかったんじゃない?〉	
④黙ったままその場から走って逃げていく。	⑤どこに行ったんだ? 探さなければ。	⑥体育館の裏の木の上で発見した。降りてこないので、私も木に登り、木の上で話をした。〈納得いかなかった?〉	
⑦「いや、木に登ったらすっきりした。俺が悪かった。手を出したのも、悪口言ったのも」「でも先生、逃げたのは許してな。はじめに2回だけ逃げるって言ったやろ」	⑧あきれたものだ。しかし、Iらしい。自分で認められたならそれで良し、だ。	⑨〈I、心配したぞ。逃げてもいいけれど、行き先を言ってから逃げろよ（笑）〉〈自分の非を認められたなら、先生から言うことは何もないよ。Rのところに行って、ちゃんとケリをつけよう〉。お互いに謝罪し合い（IはRには逃げたことも謝罪した）、双方納得して解決した。	Iが「木に登ったらすっきりした」と言ったのは非常にほほえましかった。今ふり返れば、Iを木の上から強引に下ろさず、私が同じ場所に上がっていったのも、Iが素直に非を認められた一因となっていたのかもしれない。相手のあることだったので、最終的にRとは納得できる解決

（3）子どもの言動	（4）私が感じたこと・考えたこと	（5）私の言動	（6）分析・考察
			の場を設定したが、ここでIが自分が逃げたことを謝罪したことには驚かされた。Iは、逃げたことを私との約束の上では許されることと考えていたが、それをそのまま友だちに適用しなかった。友だち付き合いと、私との約束は別の問題である。Iのその判断に人としての成長を感じた。

11-3 考察

■プロセスレコードの省察

　「出会い」の場面は、学級担任としてIと向き合う初日の出来事でした。4月当初の子どもとのかかわり合いは慎重にならざるを得ません。子どものことが理解できていないので、どう反応するか全く見通しが持てないからです。この傾向は、初日ならなおさら強いです。だから通常、年度当初は教師も子どももお互い手探りでかかわり合おうとすることになります。

　しかし、この場面のIはいきなり全身で自分を表現してきました。自己紹介も終えていない筆者に対し、「お前の言うことなんか聞かんからな」と"宣言"してきたのです。これには筆者も正直驚かされました。完全に想定外、予想外の行動でした。しかも他の子どもたちの前であったことも、筆者を精神的に追い込む要因となりました。周りの子どもたちにとっても、大切な出会いの場であったからです。

　様々な選択肢が頭の中を駆け巡りました。当時の筆者は集団の規律を重んじる傾向があったので、感情的にIを制する判断をするのが妥当であったように思います。しかし筆者は、無理にIを着席させず、諭すように本音で語りかけました。なぜそのように接することができたのでしょうか。それは突発行動に対する迎合ではありませんでした。

きっと筆者は、Ｉの“本気”の行動に突き動かされたのだと思います。

　この選択の影響かどうかはわかりませんが、その日は放課後にＩと話をすることができました。Ｉが堰を切ったようにこれまでのことを話す姿を見て、まさに“人が心を開く”様を目の当たりにしているように感じたのを今も覚えています。Ｉは理路整然とは話せなかったし、筆者も安心させるようなことを言えたとは思えませんが、一対一でそんな時間を共有できたことが筆者とＩの距離を一気に縮めたように感じました。

　2つ目の「漢字の書き取り」は、Ｉとのかかわり合いを象徴するような場面の一つです。「覚えているのに繰り返し漢字を書く作業は無意味であり、学習とは言えない」というのがＩの主張でした。この主張は、全く正しいです。しかし筆者は、その主張の正しさに気づきながらも周りの子と課題をそろえることや、これまでの学校の慣習に縛られ、挙げ句の果てに「粘り強さ」や「やりきる力」といった付随的な学習を前面に出してＩを説得しようと試みました。きっと、そんな筆者の価値のない説得を、Ｉはうんざりして聞いていたことでしょう。その時のＩの不快な表情や、落ち着きのない身体の動きをいまだに覚えています。

　しかしＩは、苛立ちながらもその場を離れず、自分の思いをまっすぐに筆者に伝えてくれました。自分の言葉に疑問を抱きながらも引くに引けない状況にあった筆者でしたが、Ｉが「納得していないが先生の言うことは聞く」と言った言葉が胸に突き刺さりました。教え子に、そんな言葉を言わせたことを心から恥じ、謝罪の上で全ての言葉を差し戻しました。周りで話を聞いていた学級の子どもたちはとても驚いていたように思います。この出来事をきっかけに、学年の教師とも相談の上で、漢字の宿題は「個々の判断で“覚えられるまで書く”」こととしました。それ以降、Ｉは漢字を丁寧に一度だけ書いてくるようになりましたが、新出漢字はこれまでと変わらず全て完璧に覚えることができていました。

　3つ目の「木登り」は、木の上でＩと話したことが実に印象深い場面です。筆者は最初から木に登るつもりだったわけではなく、Ｉが降りてこなかったために登ったのですが、大人は誰も足を踏み入れられない、Ｉだけの空間だった「木の上」に筆者が飛び込んだことは、Ｉの気持ちの懐に飛び込んだような効果があったのかもしれません。また、筆者の心情にも変化がありました。木の上から見た校舎や街並みの風景はとてもきれいでした。Ｉはいつもこんな風景を見ていたのかと思いました。木の上に登ったことで、筆者の気持ちも“教師モード”[46]ではなくなっていたのだと思います。

　また、Ｉが自分が逃げたことをＲに謝罪した場面はとても印象的でした。筆者の前では、出会いの日に交わした約束があったので「許してな」と言いつつ、Ｒとの対等な友

だち関係の中では許されない行為であったことを自覚し、殴ったこととは別に謝罪することができたのです。Iが出会いの日の筆者との"約束"を想起した上で逃げ出したかどうかはわかりませんが、木の上での筆者との会話の中でこの約束を持ち出し、「許してな」と言いました。しかし、Rに対しては、友だちとしての信頼関係に甘えることなく、対等な仲間として言葉でしっかりと謝罪することができました。これは、Iが自らの行動を客観視し、分析できていたからこそできたことだと思います。そして、Rをはじめ周りの友だちに対して誠実に行動したいという気持ちの表れでもあったと考えます。友だちに対して虚勢を張り、自分をありのままに表現することができなかった以前のIと比較すると、大きな成長を感じた場面でした。

■教師と子どものかかわり合いの意義

プロセスレコードにあげた3つの例のように、Iとのかかわり合いは筆者にとって即興の判断の連続でした。もちろん、他の子どもに対してもそれは同様ですが、Iの言動は筆者がこれまで経験してきたこと、学んできたことのフレームを大きく外れ、また筆者の教師としてのあり方を深く指摘するような鋭さを持っていました。また、Iがそのような言動を意図して行っていたのではなく、ただ率直に語り、ありのままに振る舞っていただけであったことも、筆者の胸を穿つ大きな要因だったと思います。

Iとのかかわり合いは、筆者がそれまでの教職経験から得た知識や手法をアンラーンすることを要求しました。筆者が文献から得た指導技術の引き出しなど、一人ひとりの子どもの前ではほとんど意味を成しません。それどころか、筆者が積み上げてきた指導のフレームや、学校内で指導を一定そろえなければならないという制約、保護者や地域の目線など、外的な要素がブレーキとなり、自分が子どもと真正面から向き合えていないことをまざまざと突きつけられる毎日でした。それまでの筆者は、学級担任として、学級全体の集団指導ばかりに意識を持ち、集団の枠組みに一人ひとりの子どもを当てはめようとしていました。しかし、その枠組みから外れがちなIとかかわり合う中で、子どもは一人ひとりがそれぞれに個性、考え、そして願いを持つこと……それは当たり前なのですが、学級担任として筆者が見えなくなっていたことに改めて気づかされたように思います。教師は、学級において「一」対「多」のかかわりをしているのではなく、「一」対「一」のかかわりを子どもの数だけ持とうとしなければならないのです。

＊46　1-9を参照。

プロセスレコードについても、確かに初日の想定外のIの言動に対する筆者の対応は、結果として信頼関係を築いていく基盤になったといえるかもしれません。ですが、その日に筆者が違った対応をしてIが反抗していたとしても、きっとその後の2年間の結果は変わらなかったと思います。教師と子どものかかわり合いに失敗などありません。なぜなら、担任する限り、かかわりがその一回で完結することはなく、何度でもリカバリーの機会が訪れるからです。もちろんそれは、一回のかかわりをいい加減に捉えてもよいということではありません。目の前の子どもに対し、誠実に向き合い、とことん相手のことを理解しようとする姿勢さえあれば、「漢字の書き取り」の場面の筆者のように、たとえ間違った対応をしてしまったとしても、それが新たな糧となりまた子どもとつながることができます。むしろ、失敗のように見えるかかわりの中から深まることのほうが多いです。

　教師は教え導くことが仕事ではありますが、子どもは単なる教える対象ではありません。筆者はそれまで、教師はいつも正しい指導をし、子どもを導き、成長させてやらなければならない存在であると考えていましたが、それは大きな奢りでした。教師も不完全な一人の人間であり、子どもと共に悩み、学びながら自らを成長させ、よりよい教育をするために努力し続ける存在でなければなりません。Iとかかわり合った2年間は、筆者に教師としてのあり方を問い直すきっかけを与えてくれました。

11-4　事例検討のコメント

　ここから筆者（角田）がこの事例検討についてコメントします。報告された3つの場面を順番に見ていきます。

(1) 出会い

　初任から数年間、担任として児童との関係づくり・学級経営に苦労したことが、プロセスレコードの前に書かれており、そうした経験があった上でのIとの「出会い」であることがわかります。挑戦的な言動のIに対して、担任は驚かされつつも、Iとしっかり向き合っています。

　担任の内面には様々な対応が浮かんだとのことですが、担任が大事にしたのはIの「嘘偽りのない本当の気持ち」「本気の行動」でした。それをかかわりの中心に据えたことが、この場面における「行為レベルの実践（知）」といえ、かかわり合いを「至適な応答性」と

呼べる確かなものにしました。もちろん担任としては想定外の緊迫した状況で、Iから
の直球を受ける他なかったでしょうが、正面から受けようとしたのはこの担任のあり方
といえ、自己一致した行為が示されています。それゆえ、Iそして他の児童たちにも、
担任が自分たちに真剣にかかわろうとしている、とその思いがシンプルに伝わったとい
えます。Iが自分の席に戻ってそこで過ごせたのは、このクラスで自分の「居場所」が見
つかりそうだと希望を持てたからでしょう。

放課後の場面について、担任は「"人が心を開く"様を目の当たりにしているよう」と
考察で述べ、とても印象深かったことがわかります。Iとしては、やっと自分を受けとめ
てくれる人間関係（自己対象関係）に出会え、溜め込んでいた思いを吐露できたので
しょう。その中でIは、椅子に座って授業を受けることを自らの目標と語っています。
学習意欲の表れであるのと同時に、居場所でもある「椅子」は、心の揺れを自分で抱え
持つことも象徴しています。「我慢できなくなったら、1年に2回だけ教室から逃げるか
も」というIの言葉には遊び感覚が感じられ、2人の関係に遊び（間）がほしいというこ
とでもあるようです。

出会いの場面で担任に余裕はなかったかもしれませんが、考察で述べられているよう
に、「即興の判断」をこなす心のゆとりがありました。この後の場面にも共通しますが、
「即興」とは2人で即興劇を演じる（play）ことで、ウィニコット（Winnicott, 1971）が力動
的な心理療法で重視した「遊ぶこと（playing）」に通じています。遊ぶこととは、とても
真剣な場合もあり、内的なもの（これまでにIが抱えきれなかったこと）が、その場の外的
な状況（担任との出会い）と重なり合って展開します。担任はIの真剣さに圧倒されてし
まわずに、その場の2人が抱えられるもの（Iの思いは受けとめられるものであり、担任はそ
れに応えていきたいと思っている）として扱うこと（遊ぶこと）ができたといえます。

(2) 漢字の書き取り

この場面では、学習のあり方について、担任はIから問いを突きつけられています。
先の「出会い」の場面とは異なり、担任は自分の説明に矛盾を感じ、自己一致できなく
なります。Iはまっすぐに思いを伝えつつ、これまでに培った担任との信頼関係を重ん
じて「先生がしろって言うなら俺はするよ」と言います。その言葉は、Iが自分を曲げて
も教師の矛盾を引き受けるということです。担任はその姿を目の当たりにし、自らが
行ってきた学習指導のあり方に疑問を抱き、その責任を自分が引き受けようと変化して
いきます。

ここが本場面で「行為レベルの実践（知）」が生じたポイントといえるでしょう。かか

わり合いによって相互に影響を受けながら、両者の動きがよくわかる場面です。担任は自己対峙を迫られ、Ｉだけではなく他の児童たちにも、自分が考え直そうと思うこと（自己一致したあり方）を述べ、さらにその後で改善したアイデアを学年全体にまで働きかけていくことになります。

　ここでもＩの「まっすぐさ」は鍵ですが、信頼できる愛着対象になった担任を大事にしたいというＩの思いも加わり、複雑な思いを抱えるようになっています。担任としては、こうしたかかわり合いを通して、その場で自己省察することになり、教師としての成長が促されたといえます。

(3) 木登り

　他児とＩにトラブルがあり、担任は2人の思いを聞こうとしますが、Ｉは黙ってその場から逃げ去ってしまいます。Ｉが殴ったとのことで、感情の調節がうまくいかず行動化したようです。担任の介入にも耐えられず逃げており、5年生では見られなくなっていた昔の反応パターンが復活しています。詳細は不明ですが、過去につながる状況がＩに起こったようです。

　担任は後を追い、木の上にいるＩを見つけます。しかし、逃げたことを叱責するわけではなく、木から降りてこないＩを見上げているうちに、なんと自分も木に登ろうと思います。心配しながら隣の席に座っていいかと近づくように、木に登る選択肢が担任の胸中に生まれたといえ、ここがこの場面における「行為レベルの実践（知）」といえます。

　その行為はＩの世界への侵入ではなく、まさに2人が自然に居られるあり方でした。学校にいるのですが、「遊ぶこと」に満ちた2人だけの空間が生まれ、そこでのやり取りを通じてＩはトラブルについて自ら内省することができました。ここでの担任の仕事は、叱る・諭すではなく、木に登って側に行き、Ｉのまっすぐな思いを穏やかに受けとめる場をつくることでした。

　考察では、担任は木の上から見える風景の美しさを感じとっています。それはＩが落ち着ける世界であり、同時に担任にも新鮮な眺めでした。2人の世界が重なり合いながら、「落ち着き」を体験する時間だったようです。2人のこれまでの関係性を背景に、子どもの心の成長と教師としての学びが相互的に深まる様子（至適な応答性）が、生き生きと記述された場面といえます。至適な応答性とは、このようにその場にいる2人が、お互いに手応え（自己対象体験）を得るような関係性を指しています。

12_章

教職と心理職の事例研究会

12-1 はじめに

　6〜11章では、個別の事例検討について紹介してきました。本章では、元小中学校教員（中山俊昭）による、教職と心理職が共に参加する、ユニークな研究会の活動について紹介します。この研究会では、学校にかかわる多職種による「連携」を中心に据えて、事例検討の機会を持ってきました。筆者（角田）もメンバーの一人です。分担執筆としては、12-2から12-4は中山によるもので、12-1と最後の12-5「本章のコメント」は角田が担当しています。

12-2 学校臨床心理研究会について

　筆者（中山）は、かつて、中学校で生徒指導加配教員をしていました。また、教育相談も担当していました。筆者の勤務していた学校に、1998年（平成10年）頃、勤務市の独自事業で「スクールカウンセラー」（以下、SC）が配置されました。その時のSC（角田）と筆者が中心になり、教諭や養護教諭と共に学校臨床の勉強会をつくりました。

　はじめは、1〜2か月に1回程度の割合で勉強会を行い、2〜3年続けましたが、多忙で学期に1回程度になった時期もありました。しかし、学校の中で、発達的な違和感を抱かせる子どもが増え、何でも発達的な視点で子ども理解を進めようとするカウンセラーや教師がいる一方で、発達問題には慎重になり過ぎるSCや教師など様々な人たち

がいて、子どもの見立ても多数あり混沌としていました。

そこで、改めて、SC関係者と教育関係者が連携を密にして、気になる子どもの事例検討会を中心に研究会を開催することの重要性を感じました。それ以降は、ほぼ毎月1回の事例検討中心の研究会と、1年に1回の公開セミナーを開催してきました。メンバーは、教師、SC、臨床心理学専攻の大学院生、福祉関係者です。内容は事例検討（言うまでもありませんが守秘は徹底しています）や、各自が得意としている心理分野の面接技法等を順番に発表し合いお互いの力量を高めたりしています。

また、この研究会は事例検討と勉強会が中心ではありますが、会が始まる前後のメンバー間の情報交換は重要だと感じています。SCは学校で一人職であるため、異なる学校に勤務する教師やSCとの情報交換やアドバイスは、各SCにとって明日からの仕事の活性剤になっていると各SCが異口同音に述べています。

このように、この研究会の最大の特徴は心理職、教師や福祉関係者等、多様なメンバーが参加している点にあります。しかし、最近は、参加教師の定年退職等もあり、現職教員の参加が減少し、SC関係者が多くなっているため、守秘義務の徹底を遵守できる現職教員を増やすことも大きな課題だと思っています。

12-3 研究会の活動から

■事例：あるSCのつぶやき

あるSCが勤務校で「非行傾向の子どもがいて、暴れています。この行為を止めたいのですが、何かよい知恵がありますか」と教師から相談されました。そこでSCは「その子どもの非行は内面の行動化のサインです。心の叫びです。力の指導ではなく、内面を重視し、その子どもの自尊感情を意識したアプローチが重要です」と助言しました。しかし、その教師は困惑していたそうです。

この例は事例検討用のケース記録をもとにした事例検討ではなく、今、困っていることを口頭でつぶやいた事例です。このようなつぶやき事例に対しても、私たちの研究会は力を発揮します。参加メンバーの教師Aは「教師側はSCの言われている意見はわからないでもない。しかし、そんなことより早くこの非行現象を止めたいと思っていると思います。学校側は、まず、よくない現象を止める対応からアプローチするのが一般的です。だから、このSCは、我々の気持ちをわかってくれていないんだな、という気持ちになったと思います」という助言がなされました。

さらに教師Aから、学校文化や、学校組織の仕組みなどが説明されました。「学校は共通する部分も数多くありますが、全て同じではなくむしろ全て異なると言っても過言ではありません」等のアドバイスがなされました。SCはこの学校文化の説明で、今後、勤務校でどのような立ち位置で相談活動を行えばよいか、そのために、改めて勤務校をアセスメントすることの重要性を認識したとのことでした。

しかし、私たちの研究会の場では特定の学校を想定した情報交換は行いません。なぜなら、学校は毎年変化しますし、参加者のどのようなアドバイスもアドバイスした人の一視点にすぎないからです。そのことを相談者も助言者もお互いに十分に理解した上で活用しています。続いて、事例検討場面の様子を紹介します。なお、事例はプライバシー保護のためかなり簡略化し、主訴を逸脱しない範囲で改変しています。

■事例：不登校傾向の児童

《主訴：不登校（小学校3年生女児S）》

足の痛みを訴え欠席した後、治って登校するかと思ったが、腹痛や頭痛を訴えて欠席が続いた。勉強はかなり苦手で九九も半分程度しか覚えられていない。友人関係は、自分から友だちを誘って遊ぶということもなく内向的なタイプ。かかりつけ医は「無理をさせているのではないか。本児が休みたいと言えば休ませて」とSの前で母親に助言。Sは「先生（医者）が休んでもいいって言ってたよ」と言うようになる。母親は困り果てて、SCにどう対応していけばよいかを相談した。

この事例に対して、研究会の参加者が様々な角度から次のような意見を述べ合います。

- 家族構成や生育歴は？
- 学習面がしんどいとあるので学習障害とか発達的な面はどうなのか。
- 心理臨床の立場からすると、かかりつけ医の助言はわかるが、学校側はどうとらえているのだろうか。
- 保護者の甘やかしで、保護者がもっと毅然としてくれたらと思っているのが教師の本音かも。
- 学習面の学力保証が重要。授業がわかった、面白いと感じたら登校しぶりも減ると思う。

・では、学習保障の具体的手立ては？

・学校は保護者が甘いと思っていたら、今後はなおさら対応が難しいと思いがちですね。だから、SCは親と学校をつなぐことが重要ですね。

このような形で事例検討会は進んでいきます。

私たちの研究会の事例ポイントはこのように、SCの視点、教師の視点、保護者の視点、関係機関の視点等、多面的視点で検討がなされる点にあります。研究会参加メンバーは、この異職種間での多面的な視点による事例検討会で得たヒントを様々な支援活動に活かすことができていると実感しています。

■公開セミナーについて

また、私たちの会では、1年に一度、公開セミナーを行っています。午前は、非行現場や発達関係の職場で臨床活動をされている方や、大学の研究者や医療関係の先生方の講演会を行ってきました。午後は、教育関係者、心理臨床関係者、福祉関係者等の異職種でグループをつくり、不登校問題、発達問題、虐待問題等の架空事例を作成し事例検討会を行っています。

《架空事例の一例》

　小学校2年男子T。新学年になり2週間目に入ったころから、落ち着きがなく、すぐ隣の子どもにちょっかいをかける等の行為が目立つ。担任が注意すると、面白くないと教室から出ていくことが何度かあった。担任は飛び出されると、Tの安全確認・確保のため追いかけなくてはいけない。そのたびに、クラスの授業を中断しなくてはいけない。学力的には、ゆっくりやればできる子どもと感じる。受け答えもしっかりしていて、極端に学力が低いとも感じない。しかし、口約束等はすぐに忘れ、「そんなの聞いていない」と言い張る。家庭状況は、離婚した母親と暮らしており、下に3歳の妹がいる。母親は毎晩仕事で遅いようで連絡も取りにくい。

こうした事例を提示し、「どのような支援が有効でしょうか。グループ討議をお願いします」というような流れで行います。

グループで話し合ってもらうと、「ADHD（注意欠如多動症）傾向が顕著ではないか」「母親が離婚して一人で育てているとのことであるが、Tの生育歴をもっと詳しく述べた内

容がないと判断しにくい」「学校組織として人的対応ができる場合はよいが、これを一人の担任で対応するのは限界があるな」「母親にそのような気持ちはないかもしれないが、事実上ネグレクト状態かもしれない。そのことを母親に伝え、少しでも改善してもらうのは難しいかな」「ADHD傾向も否定できないが、愛着形成に問題があるだけのこともあるよね」「その場合だと学校内で、できる限り彼に寄り添う人を決めておくと、子どもが落ち着いたという経験はあるよ」等々様々な意見が出されます。

　各グループの意見発表は一つにまとめるのではなく、各参加者が参考となる支援方法を持ち帰るというスタイルで行っています。

　セミナー終了後のアンケートでは、「一つの事例に対して想像したり、考えたりすることの大切さを学びました。様々な場面でこの多面的な視点でとらえ直してみたいと思いました」「軽度な発達障害の可能性がある児童と出会い、どのような支援ができるのか日々悩んでいましたが、様々な職種の方々とディスカッションすることでたくさんのヒントをいただきました」「異職種で行う相互のコンサルテーションがよかった。異なる視点で見ることで多くの重要な視点が学べ、たいへん有意義でした」等、他職種の方との相互コンサルテーションが有効との意見が多くありました。

12-4　まとめ

　SCは学校では一人職です。学校に配置されたSCはまず学校をアセスメントする必要があります。勤務校ではSCに何を期待しているのか、教師集団の守秘義務意識はどのようなものか、専門性の異なる教師とSCが対話することから始めなくてはなりません。そうでないと、学校という場が持つ「今ここで (here and now)」に対応できません。

　また、ほとんどの学校現場では、校長、教頭、養護教諭なども一人職です。小学校などでは特に各担任も一人職といってもよいかもしれません。全ての一人職が一人で活動していては、クラスでの問題に対応できないことも多くあります。このような時、教師とSCとの事例検討会やSC同士のネットワークの構築などは問題解決のためにとても重要です。自分の行っている支援が有効か情報交換し合い、共有していくことでお互いの支えになり、また一人職で頑張れる力を与えてくれるものになると思います。私たちはこのような活動を通して、子ども支援を中心に学校臨床心理の研究会を運営しています。

12-5 本章のコメント

　ここからは筆者（角田）がコメントをします。この研究会の特徴は、共著者が述べていたように、「SCの視点、教師の視点、保護者の視点、関係機関の視点等、多面的視点で検討」できることにあります。そうした話し合いの場の前提となったのが、共著者と筆者が、ある公立中学校で生徒指導加配教諭とSCとして出会い、両者のコミュニケーションの必要性を感じたことです。

　コミュニケーションの内容は、何らかの支援が必要なある生徒についてであり、その保護者についてです。また、生徒や家庭にかかわる、担任や学校組織のあり方についても、話し合うことが必要になります。当初は、情報交換という意味でやり取りをしていましたが、次第に個々のケースについて、お互いの理解をすり合わせたり、今後の方針や各々の役割分担について話し合うようになりました。

　筆者自身（角田）は、教職と心理職というお互いの仕事の違いについて、ある程度わかったつもりでいました。しかし、実際に中学校現場に入ってみると初めての経験も多く、当時SCの窓口であった共著者から学ぶことが多くありました。

　例えば、共著者が述べていた、SCが学校組織内の「一人職」であることがあげられます。筆者もSCとして勤務することで、校内においてある種の孤独感を味わいました。しかし、それはSCだけの話ではなく、教員組織の中にあっても、管理職や養護教諭、あるいは生徒指導加配といった教諭が体験していることでした。また、学級担任であっても、所属している学年の中で、時に孤独を感じながら学校臨床に取り組む場合があるということでした。

　事例検討を深めることによって、ある教師の孤独感は、そこでかかわり合っている子どもや保護者との課題と密接につながっている場合があります。裏を返せば、教師が子ども・保護者に「かかわっている」からこそ、そうした体験が生じているといえます。理論編で検討してきたように、その事例で何が起こっているのかは、当事者には見えにくい場合が多いものです。それゆえ、背景やこれまでの経過を踏まえて、様々な角度からふり返ってみる事例検討の機会はとても大切になります。

　また、この研究会では架空の事例を用いた、シミュレーションの事例検討会も行ってきました。立場の違う参加者が、同じ土俵で一緒に話し合うことで、自分とは異なる見方や対応のバリエーションに触れられ、臨床的な柔軟性を高める相互トレーニングの場になります。ある当事者の省察が目的ということではなく、多職種による連携の意義を

体験するための事例検討といえます。

　学校現場であれば、ある子どもや家庭について、校内や校外のメンバーと「ケース会議」を行うことが、本章で紹介してきた連携を中心にした事例検討会に近いといえます。校外のメンバーの場合は、学校と行政・福祉・医療などの機関が集まって行われます。

　ケース会議とは、そこに集まった立場の異なるメンバーが、ある事例を見立てて、対応の可能性を探ることにあります。つまり、個人のための省察ではなく、そこに集まったメンバー全員が一つのチームとして省察を深めて、子どもや家庭の支援を行うことが目的となります。

　残念ながら、せっかくケース会議が行われても、ただ「しばらく見守りましょう」という結論で、会議の意味がなかったと現職教員から聞くことがあります。形だけの会議でなく、チームとして機能するためには、表8に示すような条件が必要となります（角田，2016c）。

表8　チームが成り立つ条件（角田, 2016c）

① 目的意識
② お互いを補完する姿勢
③ コミュニケーションの機会

　①「目的意識」とは、長期の課題と短期の課題を整理し、それらをメンバーで共有していくことです。②「お互いを補完する姿勢」とは、それらの課題や目標に近づくために、メンバー各々ができることを確認し、互いにカバーしながら支援のネットを強固なものにしていくことです。③「コミュニケーションの機会」とは、小さな出来事やちょっと気になることでもメンバー間で連絡を取り合い、タイミングを見てケース会議で共有しながらそれらを整理し、見立てと対応を更新していくということです。

　12-3の架空事例であれば、教室を飛び出すTを担任が追いかけることになっているため、担任をサポートする学校組織の協力体制をつくることが、早急の課題になるかもしれません。また、Tの行動の背景を理解するために、他の教員やSCから見たT理解を進めたり、ADHDの可能性について医療にかかることも視野に入れる必要があるでしょう。家庭面では、母親が一人で仕事と子育てを担っており、母親の思いを聴く機会

をつくったり、スクールソーシャルワーカー（SSW）や福祉的なサポートの必要性も検討課題といえます。担任をはじめ、学年主任、生徒指導担当教諭、特別支援教育コーディネーター、養護教諭や管理職、そしてSCやSSWなどが校内のケース会議メンバーといえ、必要に応じて校外の機関がそこに加わることになります。虐待や非行などの場合は、行政など校外の機関が主になったケース会議が行われます。

　本章で紹介した多職種で行う研究会の意義は、ケース会議でどのように話し合いを進めるかを体験的に学ぶことにあるといえます。また、自分とは異なる立場・職種の守備範囲を知ることで、自分の役割を改めて確認したり、子どもや家庭を支援するためのチームワークのあり方を学ぶ機会にもなるでしょう。

13章

実践編と理論編のまとめ

13-1 はじめに

第2部の事例検討はいかがだったでしょうか。この最終章では、理論編と実践編を行き来しながら、まとめをしていきます。まとめのポイントは、「『行為レベルの実践（知）』から『言語レベルの実践知』へ」「かかわり合い・間主観性・関係調節」「自己対象としての教師の働き」「学校臨床力と事例検討」です。

13-2 「行為レベルの実践（知）」から「言語レベルの実践知」へ

学校臨床力とは、現場で教師が、子どもとのかかわり合いで生じていることと、これまでに蓄えたその教師なりの経験とを、その場で直観的・感覚的に照らし合わせながら対応する力量です。教師のそれまでの経験則は、現場では感性として働いています。つまり、目の前の子どもの成長につながるような、その瞬間に合った「実践知」を、自分の感性に基づいてオーダーメイドで生み出そうとしています。

本書では、こうした教師の感性を「実践知を生む省察力」と呼んでいます。また、それが子どもの成長を促す対応として結実した場合に、その具体的な教師の言動を「行為レベルの実践（知）」と呼んでいます。しかし、成長に役立つ実践にしても、残念ながらそうはならなかった実践にしても、教師が発した言動は直観的・感覚的に生まれることが多いので、その「意図」や「背景」は自分でもよくわからないことがあります。それゆ

え、「行為レベルの実践（知）」を含む様々な実践を、意識的・言語的にふり返ってみることが役立ちます。本書では、それを「ふり返りとしての省察」と呼んでいます。2章の図4をもう一度使いながら、事例検討の流れを確認してみましょう。

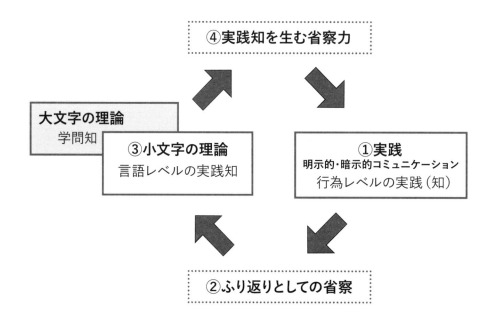

図4（再掲）　「省察の二重性」と「理論と実践の往還」の関連

①実践

　　現場で行われている数々の「実践」の中から、今心に引っかかる子どもや保護者とのかかわり合いを選びます。つまり、有効に働いた場合（行為レベルの実践（知））もあれば、うまくいかなかった場合のどちらであっても省察する意味はあり、なるべく具体的なエピソード・場面をふり返りの対象に選びます。

②ふり返りとしての省察

　　言葉のやり取り（明示的なコミュニケーション）と、表情や態度・雰囲気（暗示的なコミュニケーション）の両方を視野に入れながら、子どもとのかかわり合いを、フォーマットを利用するなどして書き起こしていきます。文章にする作業が自己省察になりますし、さらにそれを他者と共にふり返る機会があれば、子ども理解や教師自身の自己理解が深まったり、2人の関係性について今までと違ったことに気づく可能性が高くなるでしょう。

③小文字の理論

　たとえ小さくても発見や気づきがあるなら、それは教師の中で半ばスルーされていたことが、表に現れてきたということです。つまり、「言語レベルの実践知」として自分の中でクリアになったといえます。それがある子どもとの今後のかかわりの方針やヒント（小文字の理論）になる場合もあれば、別の子どもとのかかわりに生かされる場合もあるでしょう。また、自分の盲点や弱点への気づきがあれば、今後の自己成長のきっかけになるといえます。

④実践知を生む省察力

　こうした積み重ねが「理論と実践の往還」といえ、教師の「実践知を生む省察力」を少しずつ磨くことになります。「学び続ける教師」とは、こうした事例検討を自分に合った形で工夫する教師といえるのではないでしょうか。

　第2部の6〜11章の実践例には、事例検討を経て各々の共著者にとって明確になった事柄が多くありました。つまり、現場で実践した時には「行為レベル」にあったことが、事例検討（会）を経て、その意味が「言語レベル」になり、他者への伝達が可能になったということです。実践編の事例検討から、こうした具体例をいくつかピックアップしてみましょう。

　教師の一言に実践知としての意味が含まれていた例として、6章の事例1を取り上げます。机に突っ伏したまま授業を受けようとしない中学生A男の様子を見て、共著者（森）が思わず〈何でそんな寂しいこと言うの？〉と話しかけます。何気ない言葉かけですが、補助教員の暗示的なコミュニケーションへの感性が発揮された言葉といえ、それがA男の心に響き、成長促進的なかかわり合いが展開していきます。

　7章の小学校の事例「エピソード3：体育科の授業」にも、意味深い実践知といえる教師の言葉が見られます。それまでに積み上げられた教師と子どもたちとの関係性の中で、共著者（掛田）は〈Dちゃんは寂しかったんじゃないかな〉とクラス全員に語りかけています。担任のDへの深い共感、そしてDと他児をつなぐ働きが、この一言に集約されています。

　8章の幼稚園におけるフォーマットの「No.2：進級時の居場所づくり」では、共著者（福本）が1年間のEとの経験を踏まえて、始業式前に母子で新しい教室に馴染む機会をつくっています。このアイデアそのものが実践知であり、目的や場の設定は意図的なものです。しかし、その場でEがどのように反応するかはある程度しか予想できません。実際の場面では、加配とEとの遊び感覚のあるかかわり合いが展開しています。こうした

成長促進的なやり取りは、「プロセスとしての実践知」と呼べるでしょう。

　9章では、学校場面と個別の塾という2つの異なる事例検討を通して、共著者（柴崎）は子どもと教師の「相性」を、お互いが共感的で自己対象として働くような関係性と考察しています。こうして得られた実践知は、次に相性が合わない生徒と出会った時のヒント（お互いの自己対象欲求はどこにあるのかを考える）になると思います。

　10章の個別場面で共著者（上良）は、中学生Hの話を聴き、彼が死にたいほどの思いを抱えていたことを知って衝撃を受けます。担任はそこで正直に自分の理解が浅かったことを〈ごめんな…そんなに苦しい思いしてたんやね。Hへの当たりが強いのはわかってたけど、Hがそこまでしんどかったなんて気づいてあげれなくてごめん。全然いいクラス違うな。情けないな〉と応答しています。こうした「自然さ・本心のまま」の対応がなされたことが「行為レベルの実践（知）」といえます。

　11章の3つの場面の「行為レベルの実践（知）」については11-4で既に述べました。全体を通して共著者（堀内）が獲得した「言語レベルの実践知」は「かかわり合いを通じて成長するのは子どもだけではなく、教師自身も自己対峙しながら共に成長する」ことといえます。こうした考察は共著者にとっての小文字の理論[*47]ですが、それは大文字の理論につながる内容です。

13-3　かかわり合い・間主観性・関係調節

　子どもの心とは、周囲にいる様々な他者との「かかわり合い」によって育まれていきます。しかし、残念ながら「かかわり合い」がマイナスに作用し、心が傷つく場合もあります。このように、かかわることにはリスクが伴うため、プラス・マイナス両面に気を配りながら、教師は子どもや保護者に接する必要があります。教師がかかわりに迷った時や、相手の状態をより細やかに理解したい時に、事例検討は有効な手段になります。

　かかわり合いとは、2人がお互いに影響を与え合い、変化していくプロセスです。人はそうした関係性を本来的に求め、かかわり合い（関係調節）を通して自分の状態をより良くする、つまり自己調節しようとします。親子関係、きょうだい関係、友人関係など様々な人間関係がそうした役割を担う可能性を持ちますが、教師と子どもの関係も同様

＊47　2-3を参照。

です。それゆえ、本書では間主観的な視点に立ち、子どもの思いや気持ちといった内面（主観性）だけでなく、もう一方の当事者である教師自身の内面（主観性）にも焦点を当てて、事例検討を行ってきました。

できるだけ「自然さ・本心のまま」の相手が自分の前にいてくれるなら、自分も「自然さ・本心のまま」で居やすくなります。それが関係調節の根本であると思います。ただし、お互いに完璧を求めるのは無理ですし、自分を守ったり、隠したり、虚勢を張ったりするのも人間です。「意識と無意識」というように、自分のことであっても、自覚できる面と気づかない面の両方があります。このように考えてみると、「自然さ・本心のまま」というのは、自分が気づいていなかったことに遭遇した際に、正直に向き合おうとする覚悟や姿勢といえそうです。こうした教師のあり方が、子どもや保護者に伝わる時に、教師に対する信頼感が生まれるのではないでしょうか。

第2部の6〜11章の教師と子どもとの「かかわり合い」をふり返ってみましょう。

6章の3つの事例では、だんだん強まる・弱まるといった感情の強弱、リズム、テンポなどの感情の勾配に波長を合わせる「情動調律」に焦点が当てられています。実際のかかわり合いでは、意識的・意図的で言語面が優位な「明示的（explicit）なコミュニケーション」と、情動調律のような非意識的・非意図的で非言語面が優位な「暗示的（implicit）なコミュニケーション」という、2つの水準のコミュニケーションが混じり合っています。普段注目しやすいのは明示的な言葉のやり取りですが、これらの事例では、子どもが醸し出す態度や雰囲気といった、暗示的なコミュニケーションに波長を合わせることが、2人が共有できる「間主観的な意識」を生み出すのに大きな役割を果たすことが示されています。

7章の事例では、小学校低学年のDは、他児や担任に対して攻撃的・反抗的な態度を繰り返し示します。そのため、担任も余裕がなくなり、関係調節はどうしても難しくなります。夏期研修というDと距離がとれる場で、担任がDの内面を改めて想像できたことは、2人の関係性を俯瞰してとらえ直すことになり、担任自身の自己調節になりました。かかわり合いを立て直すには、教師側がどう自己調節をはかれるかが重要といえ、この事例では研修や相談できる場が省察を深めるチャンスになったといえます。それが2学期はじめの校内ケース会議の率直な要請につながり、また、他児への「橋渡し」や支援員との連携といった対応につながっていきます。この事例では、個と集団の両方にかかわる学級担任の特性が「かかわり合いの拡がり」として示されたといえます。

8章では「かかわり合いの拡がり」そのものが中心テーマになっています。幼稚園児Eと周囲の子どもたちとの「橋渡し」を加配が行うことで、子ども同士のかかわり合いが

発展していきます。クラスの一員であるという共通した思い（間主観的な意識）が育つように、加配保育者は一つひとつの場面で、Eや他児の気持ちを想像して相手にわかるように言葉にします。こうした「翻訳」や「通訳」あるいは加配がモデルとなることで、Eと他の子どもたちは、お互いの思いをわかり合えるようになり、子ども同士の自発的なかかわり合いが育っています。

　9章では、学部新卒で現場経験の少ない共著者が、他生徒や指導教員の目を意識しがちなため、中学生のFとのかかわりを当初は抑えがちでした。しかし、漢字の居残り補習場面から個別のかかわり合いが展開し、お互いに手応えを感じる関係性へと変化していきます。他方で、周囲の目が少ない塾でのGとは、もっと自由に共著者はかかわっています。塾講師として、言葉が少ないGの微妙な暗示的コミュニケーションを次第にキャッチするようになり、表からは見えにくいGの時間の流れを共有し、波長が合った成長促進的なかかわり合いが展開しています。

　10章は中学校の個別の相談場面です。担任はHの嘘を指摘しつつも、その背景の思いに何があるのかに関心を持ちます。相手への関心・興味がかかわり合いのスタートです。それがHに思いを表現する場を提供することになり、担任は自分が気づいていなかったHの思いに遭遇することになりました。それに対する担任の「自然さ・本心のまま」のあり方が大きな意味を持ち、お互いが思いを語り合える関係性になっていきます。

　11章は小学校高学年のIとのかかわり合いです。出会いから挑戦的で反抗的な態度を示すIですが、担任はそれを試されていると思いつつ、彼の本心の訴えとも受け取っています。Iの「自然さ・本心のまま」に接していると思えたからこそ、担任もそれに「自然さ・本心のまま」で応えようとしたといえるでしょう。漢字テスト場面のように、担任が矛盾を抱えることもあり、自己対峙の難しさに直面していますが、姿勢は一貫しています。担任のこうした姿勢が、Iの担任への信頼感につながり、その後の豊かなかかわり合いにつながっていったといえるでしょう。

13-4　自己対象としての教師の働き

　本書では、子どもの心の成長とそれに必要な人間関係について、コフートの「自己心理学」の考え方を用いて検討してきました。子どもの心（自己）とは、周りの環境からの様々な応答・反応によって形づくられていきます。必要な応答・反応が得られれば、子どもの自己は、主体的でまとまりを維持することができ、活力を持つことができます。

しかし、ズレた反応や無反応に出会うと、自己はまとまりを失い、活力が低下してしまいます。子どもは生活の中で、こうしたプラス・マイナス両方の関係体験を、様々な場面で味わっています。残念ながらマイナスの体験が繰り返されたり、あまりに強烈なものであったりすると、自己は傷ついたままで不調が長引き、様々な問題行動へとつながりやすくなります。

　自己心理学では、成長を促すような応答・反応をしてくれる存在を「自己対象（selfobject）」という特殊な言葉で強調します。そのポイントは「自己対象の働き」にあり、子どもが自分らしさを体験できること（自己対象体験）が何よりも大切です。誰・何が自己対象の役割を担うかは、子どもの毎日の生活の中でどんどん変化していくものです。学校であれば、ある時は教師が自己対象として働く時もありますが、別の場面でそうならないことは、現実にいくらでも起きます。それゆえ、問題行動が起こっている時ほど、ズレをキャッチする教師の感性が大事になり、そのズレを修復しようとかかわっていくことが、学校臨床力として求められます。

　6〜11章の事例に共通するのは、各々の教師が子どもの思いを少しでも共感的に理解しようとする姿勢といえます。相手への共感は、自己対象として働くための基盤です。各章の事例では、こうした「探索としての共感」の努力が数多くなされています。そして、その場で生まれた瞬間的な理解や、時間をかけて積み重ねられた理解が、今度は教師からの応答・反応として子どもに返されていきます。こうした共感とその応答・反応を通して、個々のやり取りが成長促進的な「わかり合いとしての共感」になります。このような関係の中では、教師の側にも手応えや満足感が体験されています。つまり、子どもも教師もかかわり合いを通して、お互いに自己対象体験を味わう「至適な応答性」が生じています。それは学び続ける教師としての実感であり、教師の自己有用感ともいえます。

　ところで、一口に共感といいますが、実際の場面で具体的に何に共感すればよいのでしょうか。3-5で紹介した「動機づけシステム」を使って各事例を見ることで、そのヒントが得られると思います。ここで動機づけシステムを示す表3を再掲します。

　まず6章の事例2を取り上げます。中学生のB子は遅れて教室に入り、茫然と前を見たり、授業に参加しません。補助教員（T2）はB子の様子を見ていますが、彼女と目が合った時に「やるせなさ」を共有し、アイコンタクトを交わします。B子の学習意欲である⑤「探索と好み・能力の主張の欲求」は低下しており、⑦「嫌悪性の欲求」がやるせなさとして態度に表れていました。T2はそのやるせなさに共感して反応することで、かかわり合いが展開していきます。その後、信頼関係ができ、保健室での相談場面にな

表3（再掲）　リヒテンバーグの「動機づけシステム」とそれに関連する感情

① 生理的要請に対する心的調節の欲求（体のリズム感、制御感、安定感
　　など）

② 個人への愛着の欲求（好意、誇り、安心感など）

③ 集団への親和性の欲求（所属感、一体感など）

④ 養育の欲求（有用感、幸福感など）

⑤ 探索と好み・能力の主張の欲求（達成感、効力感、満足感など）

⑥ 身体感覚的快と性的興奮への欲求（接触感、緩和感、性的満足感など）

⑦ 嫌悪性の欲求（怒り、恐れ、不安、恥、罪悪感、羨望・嫉妬、無力感
　　など）

ります。T2はB子が語る、体にまつわる問題（①）や、家族や恋愛や友人関係（②や③また⑥）といった様々なテーマに耳を傾け共感していきます。ただ受け入れることが大事なのではなく、共感したことに基づいて、T2その人が応答することが大切であり、そうしたやり取りを通して、2人の「わかり合いとしての共感」が生まれています。

　7章の小学校低学年のDはエピソード1で、クールダウンさせようと話しかけた担任に対して「（保護者が）心配なんてしない」と涙ながらに訴えます。⑦「嫌悪性の欲求」が怒りと悲しみとして示され、その背景には②「個人への愛着の欲求」として家庭内の人間関係がありそうです。こうした愛着のテーマは、直接担任との関係にも反映し、反抗や問題行動として示されていきます。⑦が教師に直接向けられるため、担任も容易に共感ができなくなります。それでも、行動の背景にあるDの思い（「わかってほしい」「人とつながりたい」）に近づこうとする教師の姿勢が、夏休みや2学期になされた「とらえ直しとしての共感的理解」につながっています。先にも触れましたが、「エピソード3：体育科の授業」における担任の〈Dちゃんは寂しかったんじゃないかな〉という一言とその後の展開は、Dと担任だけでなくクラス全体にとっての「わかり合いとしての共感」の場になり、各々が自己対象体験を味わったといえるでしょう。

　8章の事例では、一連の「橋渡し」の場面を見ることにします。事例報告された6つの場面（フォーマットのNo.3〜No.8）で、加配保育者は、幼稚園児Eのその時々の課題を整理して目標を設定しています。単にできないことや困りごとを解決するという、マイナ

ス面だけを見た課題設定ではなく、Eや周囲の子どもの行動に表れている可能性を共感的に想像し、Eの主体性の育成や他児との関係形成につながるような目標設定がなされています。加配は、Eのマイナス感情である⑦「嫌悪性の欲求」は共感的に理解しています。しかし、それは背景に置きながら、さらにEの喜び・楽しさ・自己有用感・達成感・安心感といった、自己対象体験につながるような橋渡しを随所で行っています。それらは、動機づけシステムの②や③の友だちとつながる喜びやクラスの一員である楽しさであり、③と⑤に関連する人に役立つという自己有用感であり、⑤の苦手なことを自ら取り組み達成感を得るといった事柄です。加配は、その一つひとつを共に喜びながら、Eにかかわっています。

　9章の中学校の事例で共著者は、Fが共著者にちょっとした関心を示したこと、漢字の採点を共著者に求めたこと、F自らが作文を書こうとすることを「嬉しい」と感じています。子どもの反応によって、教師も嬉しいという自己対象体験を味わうことが、このプロセスレコードで率直に示されています。その特徴は、この一連の経過と共に、次第に生徒への共感を伴ったことであり、F自らが作文を書こうとすることを「嬉しい」と感じたことに至っては、⑤「探索と好み・能力の主張の欲求」である学習意欲の向上を2人が共有したといえます。学習塾のGの事例では、反応の乏しい彼に苛立ちが多い共著者でしたが、次第に彼の表現できなさに対して「～だろうか？」と、試みの共感がなされ、配布プリントの工夫が行われます。翌週くしゃくしゃのプリントを出すGを見て、共著者は持ってきてくれたことを「嬉しい」と感じています。ここでも⑤の学習意欲の向上を共有しており、「わかり合いとしての共感」が生じています。

　10章の中学生Hとの個別場面では、担任がHの嘘を叱責することから、かかわり合いが始まっています。⑦「嫌悪性の欲求」の表れに対して、担任の共感は見られないスタートといえますが、すぐにHの内面に関心が向き「探索としての共感」が始まります。教師モードからカウンセラーモードへの移行がなされたといえ、Hは彼の将来の夢や勉強がうまくいかないことを語りはじめます。彼のお笑いには、不幸な子どもたちを笑顔にしたいという④「養育の欲求」が含まれていることがわかり、それに共感した担任は彼の資質を高く評価して伝えます。しかし、そのお笑いは⑤「探索と好み・能力の主張の欲求」として明確でありつつも、なかなかうまくいかず、対人恐怖や死にたいほどの辛さ（⑦「嫌悪性の欲求」）につながっていることがわかります。その思いに担任は深く共感し、それを言葉にして伝えています。Hにとっては、しっかりと自分が受けとめられ、担任が自分以上に彼の良さを見ていることがわかり、意味深い自己対象体験となったといえるでしょう。

　11章は最後の「木登り」の場面を取り上げます。珍しく友だちに手を出すというトラブルの後、Ⅰは担任が設定した話し合いの場から逃げてしまいます。担任は心配して後を追い、木の上にいるⅠを見つけ、自分も木に登ります。後の考察にあるように、そこから見たきれいな風景が担任の目に入ります。ここでは2人が落ち着いて共に居られる場が生まれたようです。担任は〈納得いかなかった？〉と、彼の行動（⑦「嫌悪性の欲求」）を共感的に探索して声をかけます。すると、Hは「木に登ったらすっきりした」と応えています。Ⅰの逃げる行動は、教室で感情が高まった際の、クールダウン・自己調節の方法だったといえ、①「生理的要請に対する心的調節の欲求」に近いようです。木の上の2人は、わかり合いとしての共感を2つの水準で体験し、自己対象体験を味わっているようです。暗示的なコミュニケーションとしては、風景を眺めつつ落ち着いた雰囲気を共有し、また明示的なコミュニケーションとしては、トラブルをふり返り、学年はじめに交わされた「逃げる」について、遊び感覚を持ちながら言葉で再確認をしています。

　以上のように各事例では、まず子どもの不調に由来する⑦「嫌悪性の欲求」が、様々な訴えや問題行動として示されています。それを受けとめた上で、教師がさらに共感する必要があるのは、その背景にある個々の子どもが抱える、本来の願いや思い（自己対象欲求）です。それは学習や将来への希望（⑤に相当）であったり、保護者・友だち・教師などとの愛着関係・信頼関係を確かなものにしたいという願い（②）であったり、クラスへの所属感（③）や他人を慈しみたい思い（④）です。また、今回の各事例で前面には見られませんでしたが、①「生理的要請に対する心的調節の欲求」や⑥「身体感覚的快や性的興奮への欲求」といった心と身体のバランスも、子どもたちにとって重要な欲求・テーマとなります。

　「自己対象として働く」とは、子どもの見えない願いを、その言葉、行動、態度、雰囲気から教師が探索・想像して、その教師なりの応答・反応を返すことといえます。それが子どもにフィットする時、子どもの自己にまとまりと連続性が与えられ、活力が生まれます。自己体験としては、自己肯定感（自尊感情）が高まり、自信を持って前に踏み出せる状態になれます。

　13-2、13-3と合わせてみると、「自己対象として働く」とは、教師と子どもとの「かかわり合い」を通して行われ、それが子どもの成長につながる場合は、教師のかかわりにはその子に合った何らかの「実践知」が含まれているといえます。

13-5　学校臨床力と事例検討

　6〜11章の事例検討に共通しているのは、まず「実践」を丁寧に書き記していることです。使われた書式は「個性記述法」「保育者のための事例検討用フォーマット」「プロセスレコード」「教師のための事例検討用フォーマット改訂版」と異なりますが、要は使いやすいものを選べばよく、教師と子どもとの「かかわり合い」を書いてみることが、自分の実践を客観化する第一歩になります。

　本書の事例検討の特徴は、子どもだけでなく教師自身の思いや気持ちも視野に入れる「間主観的なアプローチ」であることです。それによって、かかわり合いのプロセスが浮かび上がり、「物語性」が生じてきます。6〜11章の事例報告を読むと、具体的な場面がイメージされやすいと思います。物語性とは、子どもと教師という登場人物の個性と、そのかかわり合いが読み手に伝わり、その経過・プロセスが見えるということです。

　表に現れた言動だけでなく、その時の自分の思いや気持ちといった主観を書くことで、自分の内面に踏み込んで省察を行うことになります。読み手・聴き手としては、その場の教師の立場に身を置きやすく、自分事としてその事例に近づきやすくなります。教師が自分自身を対象にすることは、恥ずかしさややりにくさを伴いますが、まずは自己省察として一人で行ってみてください。そして、安心できるメンバーがそろうなら、事例検討会・グループ省察会を行って、他者の視点と照らし合わせてみてください。

　間主観的な事例検討会・グループ省察会に慣れるには、12章で紹介したような架空事例を用意して、異なる視点の意見を出し合いながら、グループである事例について考えるのも一つの方法です。当事者の担任教師がそこにいたらと仮定し、どう支えられるかをグループで検討できれば、当事者が安心できる事例検討の場が育っていくと思います。

　本書で繰り返し見てきたように、教師が実践知を生み出すには、子どもに対する感性を少しでも磨くこと、つまり、ふり返りとしての省察につながる事例検討が大切になります。学校臨床力とは、子どもの成長に少しでも役立つ実践を生み出そうとする、こうした教師自身の学ぶ姿勢にこそあるのだと思います。

文献

Allport, G. W. (1961) *Pattern and Growth in Personality*. New York: Holt, Rinehart & Winston. (今田恵監訳 (1968)『人格心理学 (上)』誠信書房)

Bacal, H. A. (1998) Optimal responsiveness and the specificity of selfobject experience. In H. A. Bacal (Ed.), *Optimal Responsiveness: How Therapists Heal Their Patients* (pp.141-170). Northvale, NJ: Jason Aronson.

Beebe, B., Knoblauch, S., Rustin, J., & Sorter, D. (2005) *Forms of Intersubjectivity in Infant Research and Adult Treatment*. New York: Other Press. (丸田俊彦監訳・貞安元 他訳 (2008)『乳児研究から大人の精神療法へ―― 間主観性さまざま』岩崎学術出版社)

Fairbairn, W. R. D. (1952) *Psychoanalytic Studies of the Personality*. London: Tavistock.

後藤秀爾 (2002)「第5章　共に育ちあうクラスの理解」蔭山英順監修『統合保育の展開――障害の子と育ちあう』コレール社　pp.95-118.

Jaenicke, C. (2008) *The Risk of Relatedness: Intersubjectivity Theory in Clinical Practice*. New York: Jason Aronson. (丸田俊彦監訳 (2014)『関わることのリスク――間主観性の臨床』誠信書房)

角田豊 (1995)「とらえ直しによる治療者の共感的理解とクライエントの共感性について」『心理臨床学研究』13 (2)，145-156.

角田豊 (1998)『共感体験とカウンセリング』福村出版

角田豊 (1999)『カウンセラーから見た教師の仕事・学校の機能』培風館

角田豊 (2007)「学校教師が教育相談のために行う事例研究法について」『甲子園大学紀要』35，187-202.

角田豊 (2012)「児童生徒理解・ケース会議・教師のための事例研究用フォーマット」『児童心理』66 (18)，21-28.

角田豊 (2014)「学校教育とコフートの自己心理学 ―― 生徒指導、キャリア教育・進路指導、教育相談、特別支援教育において児童生徒との関わりと理解を深めるために」『京都教育大学紀要』125，15-29.

角田豊 (2016a)「『学校臨床力』の観点からみた教師の省察を深める事例研究会――教職大学院の授業から」『京都教育大学大学院連合教職実践研究科年報』5，11-24.

角田豊 (2016b)「教師モードとカウンセラーモード」角田豊・片山紀子・小松貴弘編著『子どもを育む学校臨床力 ―― 多様性の時代の生徒指導・教育相談・特別支援』創元社

pp.166-169.

角田豊（2016c）「チーム支援」角田豊・片山紀子・小松貴弘編著『子どもを育む学校臨床力 ── 多様性の時代の生徒指導・教育相談・特別支援』創元社　pp.188-191.

角田豊（2018）「間主観性理論」『精神療法〈増刊〉』5号　金剛出版　pp.120-122.

角田豊（2019）『子どもとの関係性を読み解く　教師のためのプロセスレコード ── 学校臨床力を磨く自己省察とグループ省察会』金子書房

角田豊・福本久美子（2012）「幼稚園における特別支援教育と間主観性 ── 自閉傾向をもつ幼児に対する保育者の橋渡し機能」『京都教育大学紀要』120，11-27.

角田豊・堀内大輔（2019）「学校臨床力・至適な応答性・遊ぶこと ── プロセスレコードを用いた『行為レベルの実践知』の検討」『京都教育大学紀要』135，33-48.

角田豊・掛田みちる（2016）「『学校臨床力』の観点からみた教師の省察を深める事例研究会 ── 教職大学院における事例研究の実際」『京都教育大学紀要』129，47-61.

角田豊・片山紀子・小松貴弘編著（2016）『子どもを育む学校臨床力 ── 多様性の時代の生徒指導・教育相談・特別支援』創元社

角田豊・森佳美（2015）「教師が自己対象として機能すること ── 教師と児童生徒とのかかわり合いの意義」『京都教育大学紀要』127，11-26.

角田豊・柴崎朱音（2017）「『学校臨床力』とプロセスレコードによる教師の省察」『京都教育大学紀要』131，1-15.

角田豊・上良祐子（2018）「プロセスレコードによる教師の省察とグループ省察会 ── 中堅中学校教員によるプロセスレコードの具体例」『京都教育大学紀要』133，101-115.

角田豊・山本雅哉・加藤達也・浜田利輝・濱本久美子・松下信介・川満和磨（2019）「学校臨床力の向上と個性記述的研究 ── プロセスレコードを用いた小学校現場におけるグループ省察会」『京都教育大学大学院連合教職実践研究科年報』8，11-22.

Kohut, H.（1971）*The Analysis of the Self: A Systematic Approach to the Psychoanalytic Treatment of Narcissistic Personality Disorders.* New York: International Universities Press.（水野信義・笠原嘉監訳（1994）『自己の分析』みすず書房）

Kohut, H.（1977）*The Restoration of the Self.* Madison, CT: International Universities Press.（本城秀次・笠原嘉監訳（1995）『自己の修復』みすず書房）

Kohut, H.（1984）*How Does Analysis Cure?* Chicago, London: University of Chicago Press.（本城秀次・笠原嘉監訳（1995）『自己の治癒』みすず書房）

Kolthagen, F. A. J.（2001）*Linking Practice and Theory: The Pedagogy of Realistic Teacher Education.*

London: Routledge.（武田信子監訳（2010）『教師教育学』学文社）

熊野純彦（2002）「間主観性」永井均・中島義道・小林康夫 他編『事典・哲学の木』講談社 pp.206-208.

Lichtenberg, J. D. (1989) *Psychoanalysis and Motivation*. Hillsdale, NJ: Analytic Press.

Lichtenberg, J. D., Lachmann, F. M., & Fosshage, J. L. (1996) *The Clinical Exchange*. Hillsdale, NJ: Analytic Press.（角田豊監訳（2006）『自己心理学の臨床と技法──臨床場面におけるやり取り』金剛出版）

Lichtenberg, J. D., Lachmann, F. M., & Fosshage, J. L. (2011) *Psychoanalysis and Motivational Systems: A New Look*. New York: Routledge.

宮本真巳（1995）『看護場面の再構成』日本看護協会出版会

宮本真巳（2003）『援助技法としてのプロセスレコード』精神看護出版

文部科学省（2017）「小学校学習指導要領（平成29年3月告示）」http://www.mext.go.jp/component/a_menu/education/micro_detail/__icsFiles/afieldfile/2019/09/26/1413522_001.pdf（2019年11月9日確認）（中学校学習指導要領、高等学校学習指導要領にも同様の記載あり）

森さち子（2010）『かかわり合いの心理臨床──体験すること・言葉にすることの精神分析』誠信書房

村井尚子（2015）「教師教育における『省察』の意義の再検討──教師の専門性としての教育的タクトを身につけるために」『大阪樟蔭女子大学研究紀要』5，175-183.

中村雄二郎（1992）『臨床の知とは何か』岩波書店

恩庄香織（2015）「学校と保護者の関係をつなぐ補助ツールの提案──不登校の子どもを一緒に支えるために」『京都教育大学大学院 連合教職実践研究科年報』4，45-59.

Orlando, I. J. (1961) *The Dynamic Nurse-Patient Relationship*. New York: G. P. Putnam's Sons.（稲田八重子訳（1964）『看護の探究』メヂカルフレンド社）

Orlando, I. J. (1972) *The Discipline and Teaching of Nursing Process*. New York: G. P. Putnam's Sons.（池田明子・野田道子訳（1977）『看護過程の教育訓練』現代社）

Peplau, H. E. (1952) *Interpersonal Relations in Nursing*. New York: G. P. Putnam's Sons.（稲田八重子 他訳（1973）『人間関係の看護論』医学書院）

齋藤久美子（1998/2017）「『かかわり合う』能力──心理力動的検討」長崎勤・本郷一夫編『能力という謎』ミネルヴァ書房　pp.147-171.（齋藤久美子著作集『臨床から心を学び探究する』（2017）岩崎学術出版社所収）

齋藤久美子（2007/2017）「臨床心理学にとってのアタッチメント研究」数井みゆき・遠藤利彦

編著『アタッチメントと臨床領域』ミネルヴァ書房　pp.263-290.（齋藤久美子著作集『臨床から心を学び探究する』（2017）岩崎学術出版社所収）

坂本昇一（1999）『生徒指導が機能する教科・体験・総合的学習』文教書院

Schön, D. A.（1983）*The Reflective Practitioner: How Professionals Think in Action*. New York: Basic Books.（柳沢昌一・三輪建二監訳（2007）『省察的実践とは何か』鳳書房）

Stern, D. N.（1985）*The Interpersonal World of the Infant: A View from Psychoanalysis and Developmental Psychology*. New York: Basic Books.（小此木啓吾・神庭靖子・神庭重信・丸田俊彦訳（1989）『乳児の対人世界〈理論編〉』岩崎学術出版社）

Stern, D. N.（2004）*The Present Moment in Psychotherapy and Everyday Life*. New York: Norton.（奥寺崇監訳・津島豊美訳（2007）『プレゼントモーメント ── 精神療法と日常生活における現在の瞬間』岩崎学術出版社）

Stolorow, R. D., Brandchaft, B., & Atwood, G. E.（1987）*Psychoanalytic Treatment: An Intersubjective Approach*. Hillsdale, NJ: Analytic Press.（丸田俊彦訳（1995）『間主観的アプローチ ── コフートの自己心理学を超えて』岩崎学術出版社）

Sullivan, H. S.（1947）*Concepts of Modern Psychiatry*. Washington, DC: William Alanson White Psychiatric Foundation.（中井久夫・山口隆訳（1976）『現代精神医学の概念』みすず書房）

van Manen, M.（1990）*Researching Lived Experience*. London, Ontario, Canada: The University of Western Ontario.（村井尚子訳（2011）『生きられた経験の探究──人間科学がひらく感受性豊かな〈教育〉の世界』ゆみる出版）

Wiedenbach, E.（1964）*Clinical Nursing*. New York: Springer.（外口玉子・池田明子訳（1969）『臨床看護の本質』現代社）

Winnicott, D. W.（1971）*Playing and Reality*. London: Tavistock Publication.（橋本雅雄・大矢泰士訳（2015）『〈改訳〉遊ぶことと現実』岩崎学術出版社）

Wolf, E. S.（1988）*Treating the Self*. New York: Guilford Press.（安村直己・角田豊訳（2001）『自己心理学入門』金剛出版）

山口美和・山口恒夫（2004）「教師の自己リフレクションの一方法としてのプロセスレコード──看護教育および看護理論との関連から」『信州大学教育学部紀要』112，133-144.

山口恒夫（2008）「問題ははじめから与えられているわけではない──『省察的実践（家）』をめぐって」弘前大学教育学部教員養成学研究開発センター『教員養成学研究』4，1-10.

安村直己（2016）『共感と自己愛の心理臨床──コフート理論から現代自己心理学まで』創元社

索引

事例

おわりに

◆◆◆

　私（角田）の専門は臨床心理学で、カウンセリング・心理療法の経験をベースに「共感」を研究の柱にしてきました。「相手に共感する」とは、言うは易く行うは難し、というのがこれまでに得られた認識で、その奥深さから終わりのないテーマとして長く取り組んでいます。

　職場としては、かねてより学校教育にご縁があり、2008年度から京都連合教職大学院に奉職し、これから教壇を目指す若い大学院生や現職教員の大学院生の皆さんと、生徒指導・教育相談・特別支援といった学校臨床について学び合っています。筆者と大学院生の人たちとの共通項になるのは、実際に子どもや保護者とかかわり合う「臨床経験」であり、それを探究する「事例検討」にあるといえます。

　本書はそうした経緯から生まれました。第1部の「理論編」は、これまでに筆者が学んできた深層心理学やコフートの自己心理学が背景になっています。教師が自らのかかわり合いをふり返り、子どもの心の成長を理解する上で参考になる考え方を、できるだけわかりやすく紹介したつもりですが、読者のご批判をいただかなくてはなりません。そして、これまでに筆者や大学院生たちが工夫してきた、具体的な事例検討の方法について紹介しました。

　第2部の「実践編」は、大学院生とのコラボレーションを多く載せました。様々な事例検討を通して、教師の実践を具体的に想像していただけたかと思います。一人ひとりの教師が個性を持ち、その人なりの感性で子どもと対峙し、出会った子どもの成長に少しでも役立つようにかかわりを模索しています。教師と子どもとのかかわり合いをイメージして、省察を深める実際の進め方を知っていただければ幸いです。

　3種類のフォーマットや、素朴に逐語的に書くという個性記述法がありますが、読者の皆さんにフィットするやり方を選んでください。また、皆さんがフォーマットを使いやすく改良して、事例検討を行っていただければと思います。そして、それを共にふり返り検討できる仲間を見つけてください。時間とエネルギーが必要ですが、「学校臨床力」を磨くには、こうした実践をふり返る作業が大切であると思います。

新型コロナウイルス感染症の世界的流行で学校教育も大きな大きな影響を受けています。人と人とがどうかかわり合い、子どもの成長をどのように支えるのか、私たちは今改めて問い直されています。この本のエッセンスがその契機になることを願っています。

　　　2020年4月　　　　　　　　　　　　　　　　　　　　　　　　　角田　豊

付　録

保育者のための事例検討用フォーマット

（1）背景となる状況とその時の課題・目標
（2）場面
（3）本児の様子と保育者の思い・かかわり・対応
（4）ふり返り

教師のための事例検討用フォーマット改訂版

事例タイトル＿＿＿＿＿＿＿＿＿＿＿＿＿＿　報告者名＿＿＿＿＿＿＿＿＿＿

1. 子どもの学年と性別　　　　幼保・小・中・高　　学年＿＿＿＿＿　男・女

2. 問題となる行動・症状等

3. 2に対して報告者が当初、感じていたこと

4. 家族関係（わかる範囲で）

5. 生育歴（わかる範囲で）

6. 報告者がかかわるまでの経過

	子どもの様子・行動	私が感じたこと・対応	学校組織・家族など周囲
7. 報告者がかかわってからの1年の経過 （必要に応じて、時期は適当な箇所から使う・長期に渡る場合は本紙をコピーして使う）			
1学期			
夏休み			
2学期			
冬休み			
3学期			
春休み			

8. 具体的なかかわり合いを示すエピソードを別紙のプロセスレコードに記す

　エピソード・タイトル（　　　　　　　　　　　　　　　　　　　　　　）

9. この1年間をふり返って

　・本人について

　・報告者である教師について

　・学校組織・家族など周囲について

プロセスレコードのフォーマット

(1) エピソード・タイトル　（　　　　　　　　　　　　　　　　　　　） 　　　　　　　　　　　　　　校種（　　　）　学年（　　　）　性別（　　　）

(2) この場面を選んだ理由

(3) 子どもの言動 （発言「　」の他、行動・態度や表情なども記述する）	(4) 私が感じたこと・考えたこと	(5) 私の言動 （発言〈　〉の他、行動で示したことも記述する）	(6) 分析・考察

(7) 私がこの場面から学んだこと

■編著者略歴

角田　豊 (かくた・ゆたか)

1991年、京都大学大学院教育学研究科博士後期課程教育方法学専攻 (臨床心理学) 修了。博士 (教育学)、臨床心理士、公認心理師。現在、京都教育大学大学院連合教職実践研究科 (京都連合教職大学院) 教授・京都産業大学文化学部教授。著書に『共感体験とカウンセリング』(単著、福村出版)、『カウンセラーから見た教師の仕事・学校の機能』(単著、培風館)、『ポスト・コフートの精神分析システム理論』(共著、誠信書房)、『子どもを育む学校臨床力』(編著、創元社)、『子どもとの関係性を読み解く 教師のためのプロセスレコード』(編著、金子書房)、訳書にバーガー著『臨床的共感の実際』(共訳、人文書院)、ウルフ著『自己心理学入門』(共訳、金剛出版)、リヒテンバーグ他著『自己心理学の臨床と技法』(監訳、金剛出版) などがある。

■執筆者一覧 (執筆順)

角田　豊		はじめに、1章〜5章、6章 (6-1、6-6)、7章 (7-1、7-4)、8章 (8-1、8-6)、9章 (9-1、9-6)、10章 (10-1、10-4)、11章 (11-1、11-4)、12章 (12-1、12-5)、13章、おわりに
森　佳美	(京都市立中学校教諭)	6章 (6-2〜6-5)
掛田みちる	(草津市立小学校教諭)	7章 (7-2、7-3)
福本久美子	(三田市立幼稚園教諭)	8章 (8-2〜8-5)
柴崎朱音	(大阪市立中学校教諭)	9章 (9-2〜9-5)
上良祐子	(京都市立中学校教諭)	10章 (10-2、10-3)
堀内大輔	(向日市立小学校教諭)	11章 (11-2、11-3)
中山俊昭	(大和大学教育学部准教授)	12章 (12-2〜12-4)

＊所属・職位はいずれも執筆当時

学校臨床力を磨く事例検討の進め方
かかわり合いながら省察する教師のために

2020年7月10日　第1版第1刷発行

編著者——角田　豊
発行者——矢部敬一
発行所——株式会社 創元社
〈本　社〉
〒541-0047　大阪市中央区淡路町4-3-6
TEL.06-6231-9010（代）　FAX.06-6233-3111（代）
〈東京支店〉
〒101-0051　東京都千代田区神田神保町1-2 田辺ビル
TEL.03-6811-0662（代）
https://www.sogensha.co.jp/
印刷所——株式会社 太洋社

©2020, Printed in Japan
ISBN978-4-422-12070-6 C3037
〈検印廃止〉
落丁・乱丁のときはお取り替えいたします。

編集協力　木村和恵
装丁・本文デザイン　長井究衡

本書の感想をお寄せください

投稿フォームはこちらから ▶ ▶ ▶

好評関連書

子どもを育む学校臨床力

多様性の時代の生徒指導・教育相談・特別支援

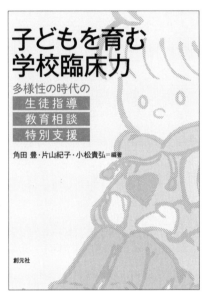

角田豊・片山紀子・小松貴弘〔編著〕

A5判・並製・240頁　定価（本体2,300円＋税）

社会の変化に伴い、子どもたちの間にも多様性（ダイバーシティ）が広がる中、教師には個々の子どもや問題に丁寧にかかわり合い、対応していく力が求められている。本書では、これからの教師に必要な力として「学校臨床力」を提案、従来の生徒指導や進路指導、教育相談、特別支援教育をベースにしつつも、それらを超えていくための新たな視点や実践に役立つ知識を包括的かつコンパクトに提供する。教職を目指す人、現職教員必携の一冊。